ALBERTO GRANDI ist Historiker an der Universität Parma. Er forscht zur Wirtschaftsgeschichte Italiens und hat mehrere Bücher über die Herkunft italienischer Speisen geschrieben. In seinem Podcast DOI (Denominazione di origine inventata, erfundene Herkunftsbezeichnung) spricht er über Mythen und das Verhältnis seiner Landsleute zum Essen.

Alberto Grandi

Mythos Nationalgericht

Die erfundenen Traditionen der italienischen Küche

Aus dem Italienischen von Andrea Kunstmann

HarperCollins

Die italienische Originalausgabe erschien 2018 unter dem Titel *Denominazione di origine inventata* bei Mondadori, Mailand.

5. Auflage 2025

Deutsche Erstausgabe

Verlagsgruppe HarperCollins Deutschland GmbH
Valentinskamp 24 · 20354 Hamburg
info@harpercollins.de
Einbandgestaltung von Rothfos & Gabler, Hamburg
Einbandabbildung von Tom Kelley Archive / Freier Fotograf / Getty Images
Gesetzt aus der New Baskerville von GGP Media GmbH, Pößneck
Druck und Bindung von CPI books GmbH, Leck
Printed in Germany
ISBN 978-3-365-00625-2
www.harpercollins.de

Inhalt

Für Sofia

Einführung

Eine Tradition wird erfunden

Wo ist eigentlich die italienische Küche entstanden? »Natürlich in Italien!«, würden junge Leserinnen und Leser antworten. Nein, Kinder, da täuscht ihr euch ... Erstens war Italien bis vor nicht allzu langer Zeit gar kein Staat, sondern nur eine geografische Bezeichnung. Zweitens haben zwar die Bewohner des Landes, das wir heute Italien nennen, ganz bestimmt schon lange vor dem 17. März 1861 irgendetwas gegessen – doch das, was viele heute mit aller gebotenen Vorsicht als »italienische Küche« bezeichnen, ist unbestreitbar erst ein Jahrhundert nach der schicksalhaften Gründung des italienischen Nationalstaats entstanden.

Nun kann man einwenden, dass es sich bei der italienischen Küche doch immerhin um ein soziales, kulturelles und vielleicht auch ökonomisches Phänomen handelt, das sich innerhalb Italiens entwickelte, selbst wenn es erst etwa hundert Jahre nach der politischen Einigung in Erscheinung trat. »Italien ist gemacht;

was zu machen bleibt, sind die Italiener«, hatte 1861 der bekannte Dichter Massimo d'Azeglio vorausgesehen. Es galt allein schon als schwieriges Unterfangen, allen die gleiche Sprache beizubringen und alle den gleichen Gesetzen zu unterstellen; da konnte man sich leicht ausmalen, wie schwierig es erst würde, sie von den gleichen Speisen zu überzeugen, selbst in den jeweiligen regionalen Varianten. Aber dazu ist es nicht gekommen, vielmehr ist das Gegenteil eingetreten: Während die Italiener widerstrebend und ganz allmählich lernten, eine gemeinsame Sprache zu sprechen (über die Gesetze breiten wir besser den Mantel des Schweigens ...), haben sie sich beim Essen nach und nach immer weiter voneinander entfernt.

Sehr lange Zeit teilten sie sich nämlich in *terroni* (»Erdfresser«, eine abschätzige Bezeichnung für die Menschen Süditaliens) und *polentoni* (»Maisfresser«, die Norditaliener) auf. Arme Bauern allesamt, waren die *polentoni*, um notdürftig satt zu werden, stärker auf den Mais angewiesen, mit allen daraus folgenden Problemen. Will man also eine Geschichte der italienischen Regionalküche schreiben, ist man bedauerlicherweise gezwungen einzuräumen, dass zumindest vom Beginn des 18. bis zu den ersten Jahrzehnten des 20. Jahrhunderts nur zwei Küchen existierten: die mit Mais als Grundnahrungsmittel und die ohne Mais – so wie Clint Eastwood laut Sergio Leone nur zwei Gesichtsausdrücke besitzt: einen mit Hut und einen ohne.

Knapp zusammengefasst lautet also die These dieses Buchs: Der Mythos der italienischen Küche ist in den Siebzigerjahren des 20. Jahrhunderts entstanden und damit vor rund fünfzig Jahren. Als das seit Mitte der Fünfzigerjahre rasante wirtschaftliche Wachstum nach und nach stagnierte, begann Italien die Großindustrie als Entwicklungsmodell infrage zu stellen und schlug, verglichen mit anderen Industriestaaten, einen ganz eigenen Weg ein. Er bestand darin, kleine Firmen und Industriedistrikte (heute oft als Cluster bezeichnet) sowie das »Made in Italy« und damit auch die angeblichen Spitzenleistungen im Bereich der Gastronomie und des Weinbaus als zentrale Wachstumsfaktoren aufzuwerten – und verzichtete umgekehrt auf eine Industriepolitik, die auf Forschung und Investitionen, auf Prozessoptimierung, neue Energiequellen und Ähnliches setzte.

Was insbesondere die regionalen Spezialitäten betrifft, herrscht in Italien mehr als in anderen Ländern der absurde Anspruch, Traditionen per Dekret zu kodifizieren, ohne zu hinterfragen, ob der verbissene Versuch der Zertifizierung für die jeweiligen Gebiete überhaupt Vorteile hat. Label wie DOC, DOCG, DOP, IGP, IGT und PAT STG sind die neuen Wappen, mit denen man ihnen eine regionale Identität verpassen will.

Vor einiger Zeit hat sich die Senatorin auf Lebenszeit Elena Cattaneo, eine Pharmakologin und Biologin von Weltruhm, in einem Interview darüber beklagt, dass Italien nicht mehr an die Wissenschaft glaube. So wie ich es sehe, glaubt Italien schon längst nicht mehr an die Zukunft – aus diesem Grund arbeiten die Italiener unermüdlich daran, sich eine Vergangenheit der Pracht und Opulenz zu erfinden, die sich ganz entscheidend von der echten unterscheidet, in der sie – das sollte man nie vergessen – schlicht und einfach Hunger litten. Von wegen gastronomische und önologische Kompetenz! Hier sind wir bei einem Dreh- und Angelpunkt meines Buches: Ich möchte zeigen, dass man Traditionen erfinden und die Vergangenheit im Dienste der Gegenwart manipulieren kann. Es handelt sich hierbei nicht um einen neuen Gedanken, das sei klar gesagt: Der große englische Historiker Eric Hobsbawm hat schon vor mehr als dreißig Jahren, gemeinsam mit anderen Autoren, ein Buch mit dem Titel *The Invention of Tradition* (Erfundene Tradition) verfasst. Der Sammelband enthält eine ganze Reihe von Beispielen erfundener Traditionen, darunter die wahrscheinlich berühmteste, den schottischen Kilt, der sich definitiv erst in der zweiten Hälfte des 19. Jahrhunderts etablierte, was Mel Gibson und seinen mittelalterlichen Helden Braveheart nicht anfocht.

Im Einführungskapitel seines Buchs liefert Hobsbawm Erklärungen dafür, warum und wie sich eine Gesellschaft zu bestimmten Zeitpunkten Traditionen erfindet. Wie, werde ich später erklären, doch zum Warum scheint mir folgendes Zitat sehr aussagekräftig: »Es ist davon auszugehen, dass dieses Phänomen besonders häufig dann auftritt, wenn eine rasche Transformation der Gesellschaft die sozialen Muster schwächt oder zerstört, für die die ›alten‹ Traditionen geschaffen wurden, und neue Muster entstehen, auf die diese Traditionen nicht mehr anwendbar sind.« Meiner Ansicht nach riss der tiefgreifende Wandel, dem die italienische Gesellschaft von Mitte der 1950er- bis Mitte der 1960er-Jahre unterworfen war, die alten sozialen Modelle und Identitäten mit sich fort. Und ich bin überzeugt, dass eine so umfassende Veränderung in so kurzer Zeit bei der Bevölkerung zu einem schmerzhaften und traumatischen Verlust von Identität und kulturellen Orientierungspunkten führte. Der Übergang von einer Agrar- zu einer Industriegesellschaft, der in anderen Ländern ein Jahrhundert und länger dauerte, vollzog sich in Italien innerhalb von nur zwei Jahrzehnten.

Zum Leidwesen Italiens fiel diese zum Teil chaotische Umwälzung mit einer der weltweit größten Wirtschaftskrisen seit Beginn der industriellen Revolution zusammen. Im Lauf der 1970er-Jahre kamen den westlichen Gesellschaften und Ökonomien all die Sicherheiten und das Vertrauen in den Fortschritt abhanden, von denen sie sich seit Ende des Zweiten Weltkriegs hatten leiten lassen. Als Erstes brach die Gewissheit eines unendlichen ökonomischen Wachstums in sich zusammen, was das Land in einen veritablen Schockzustand versetzte. Denn der

Identitätsverlust der vorausgehenden zwanzig Jahre war nur deshalb halbwegs zu verdauen gewesen, weil damit ein außerordentlicher Zuwachs an Wohlstand und Konsum einhergegangen war. Mit der Stagnation spürte man plötzlich all die ungelösten Probleme und Widersprüche, die man unter Verweis auf Fortschritt und Entwicklung ignoriert hatte, nur allzu deutlich. Der Zukunft, die bis dahin Faszination und Begeisterung hervorgerufen hatte, sah man nun etwas ängstlich entgegen. Von da nahm die Erfindung der Vergangenheit und Tradition ihren Ausgang, als Zufluchtsort und Rettungsanker in einer Welt, die zu kompetitiv und feindlich geworden war, um ihr mit Offenheit zu begegnen. Mochte der Wettbewerb im Bereich Innovation viel zu hart geworden sein, mit seiner Geschichte war Italien nur schwer zu toppen. Und ein Bestandteil dieser wiederbelebten Geschichte war die gute Küche, auch wenn die italienische Bevölkerung über Jahrhunderte hinweg aus Mangelernährten und Hungernden bestanden hatte.

Bei manchen mag nun der Eindruck entstehen, ich würde ein wenig übertreiben. Weder litten alle Italiener Hunger noch waren sie alle Bauern – ein großer Teil sicher, aber nicht alle. Viele lebten in Städten, wo es, wie wir sehen werden, ganz anders zuging.

Kann man außerdem etwa die berühmten Kochbücher von Cristoforo di Messisbugo, Bartolomeo Scappi und Bartolomeo Stefani völlig ignorieren?

Oder gar die bahnbrechenden Neuerungen eines Pellegrino Artusi? Keineswegs, auf Artusi komme ich noch zu sprechen, doch wenden wir uns kurz den drei Erstgenannten zu, große Köche an den Adelshöfen der Renaissance, die mit ihren raffinierten und durchkomponierten Gerichten Päpste und Kaiser in Erstaunen versetzten. Aber genau das ist der springende Punkt: Es handelte sich um Speisen für Päpste und Kaiser, von deren Existenz der allergrößte Teil der Bevölkerung Italiens nicht einmal etwas ahnte, obwohl diese Küche, die man als geradezu theatralisch bezeichnen könnte, auch öffentlich zur Schau gestellt wurde. So geschehen im Jahr 1487 in Bologna anlässlich der Hochzeit von Annibale Bentivoglio und Lucrezia d'Este: Die einzelnen Gänge des Banketts wurden, bevor man sie den hochwohlgeborenen Gästen servierte, über den Stadtplatz getragen, damit auch das Volk die ganze Pracht zu Gesicht bekam.

Unter den Schaulustigen in Bologna, die der Parade der prunkvollen Gerichte bewohnten, befand sich wahrscheinlich auch irgendein Nachkomme der berühmten Figur Bertoldo, von dessen Heldentaten der Bologneser Giulio Cesare Croce zu Beginn des 17. Jahrhunderts berichtet. Der schlaue Rüpel starb bekanntermaßen »unter starken Schmerzen«, weil er am Hof des Langobardenkönigs Alboin keine »Rüben und Bohnen« zu essen bekam. Croce lässt keinen Zweifel daran, dass die verfeinerte Küche eine fatale Wirkung auf alle hat, die sich normalerweise ganz anders ernähren: »Wer Rüben gewohnt ist, soll keine Pasteten essen.«

Was also hat die sogenannte italienische Küche, wie sie heute in aller Welt berühmt ist, mit den Pasteten von Messisbugo, Scappi und Kollegen zu tun? Wirft man einen Blick in deren Rezeptsammlungen, kann die Antwort eigentlich nur lauten: Nichts! Mit aller Zurückhaltung ließe sich noch eher ein Bezug zu der von Gastroführern und Kritik gefeierten Hochküche herstellen, bei der die Idee, die Präsentation und manchmal auch die Provokation wichtiger sind als die Funktion.

Woher kommt dann plötzlich der Ruhm all der köstlichen Nudeln und Saucen, der Scaloppine, Wurst- und Käsesorten, der Torten, Tortelli und Tortellini, der alten Weine und Öle? Und vor allem, woher stammen die 790 Rezepte, die Pellegrino Artusi dank unermüdlicher Recherchen und Experimentierfreude in seinem noch heute weltberühmten Kochbuch *La scienza in cucina e l'arte di mangiar bene* (*Von der Wissenschaft des Kochens und der Kunst des Genießens*, letzte Fassung 1911) veröffentlichte? Damit sind wir zugleich an einem Ausgangs- wie an einem Endpunkt angelangt. Ich möchte nicht gleich alles verraten, aber die Phase, in der Artusi seine Rezepte sammelte, in etwa die zwanzig Jahre des Übergangs vom 19. zum 20. Jahrhundert, waren in wirtschaftlicher und sozialer Hinsicht keine unbedeutende

Epoche der italienischen Geschichte. Der entscheidende, in sozioökonomischer Hinsicht durchaus brisante Einschnitt der Ära Giolitti (1892 bis 1921, als Giovanni Giolitti mehrfach Premierminister war) war wohl weniger der Beginn des industriellen Aufbruchs im Dreieck Mailand-Turin-Genua, der nur einen kleinen Teil des Staatsgebiets tangierte, sondern vielmehr der Exodus von fünfzehn Millionen Italienern in alle Welt.

In dieser Epoche änderten sich die Essgewohnheiten der Bevölkerung allmählich, und auf den Tischen landeten Nahrungsmittel, die den meisten bis dahin unbekannt gewesen waren. Vor allem diese Zeit war die Keimzelle der »italienischen Hausmannskost«, die Pellegrino Artusi in seinen immer wieder überarbeiteten Rezepten und seiner umfangreichen Korrespondenz mit Hunderten italienischen Hausfrauen dokumentierte. Dies war die Quelle, die man Jahrzehnte später anzapfte, um den Mythos der italienischen Küche und die mythischen Narrative zu vielen regionalen Spezialitäten zu schaffen.

Mit diesem Buch möchte ich die Geschichten solcher Spezialitäten rekonstruieren, die heute wichtiger Bestandteil der Agrar- und Lebensmittelindustrie meines Landes sind. Sie werden fast immer als Produkte alter (teils antiker) Traditionen dargestellt, die seit Jahrhunderten in der Geschichte, Kultur und Tradition bestimmter Orte fest verwurzelt seien. Die regionalen Spezialitäten Italiens, so lautet meine

These, sind aber zum großen Teil das Resultat relativ kurz zurückliegender Veränderungen und wurden im Großen und Ganzen zwischen den 1970er- und 1990er-Jahren erfunden.

Ungeachtet dessen soll diese Tatsache, der in einigen Fällen mit oberflächlichen Argumenten (und Aggressivität) widersprochen wird, die Qualität der Produkte gar nicht abwerten, und sie stellt auch ihren Erfolg auf dem italienischen und internationalen Markt nicht infrage, sondern würdigt vielmehr die Auswahlprozesse und das Marketing, auf deren Grundlage solche Erfolge überhaupt möglich wurden. Und ich möchte hinzufügen, dass die wahren Feinde dieser Spezialitäten jene sind, die einerseits deren Exzellenz loben und andererseits Freihandelsabkommen wie CETA (Comprehensive Economic and Trade Agreement, zwischen EU und Kanada) und TTIP (Transatlantic Trade and Investment Partnership, zwischen EU und USA) bekämpfen. Denn wenn Italien über so herausragende Produkte verfügt, warum sollte es dann den freien Markt fürchten? Meines Erachtens steckt hinter dieser Angst vor der Konkurrenz und der Betonung der italienischen Herkunft eine grundlegende Heuchelei. Die Konsumentinnen und Konsumenten sollte doch weniger die Herkunft eines Nahrungsmittels interessieren als vielmehr seine Sicherheit und Qualität. In fortschrittlichen Ländern kümmern sich die Gesundheitsbehörden um Lebensmittel, in Italien das Agrarministerium – was die protektionistische Absicht hinter der Rhetorik von der überragenden Qualität italienischer Produkte nur allzu deutlich macht.

Eine bestimmte Käuferschicht begnügt sich heute nicht mehr damit, ein gutes Nahrungsmittel zu konsumieren, sondern erwartet davon eine umfassendere Erfahrung, die sowohl den Gaumen als auch den Geist anspricht – diesen Anspruch erfüllen die regionalen Spezialitäten, weswegen man, will man ihre Geschichte schreiben, unausweichlich die Geschichte und den Mythos der italienischen Küche insgesamt mitreflektieren muss.

Geht man davon aus, dass »die italienische Küche« existiert, wäre sie das ökonomische und kulturelle Produkt eines zu großen Teilen künstlichen Prozesses seit Ende des Zweiten Weltkriegs, auch wenn er wie gesagt bereits am Übergang vom 19. zum 20. Jahrhundert, in der Regierungszeit Giovanni Giolittis, seinen Anfang nahm. Ich habe bereits angedeutet, dass in dieser Entwicklung auch die Millionen Menschen eine Rolle spielten, die in der Hoffnung auf Glück, aber mehr noch auf Brot, von Italien ins Ausland strömten. Ich werde zu zeigen versuchen, dass grundlegende Charakteristika diverser italienischer Regionalküchen in Amerika und nicht in Italien entstanden sind.

Genauer gesagt war die italienische Küche in Amerika anfangs die Küche der Ausgegrenzten und (warum drum herumreden?) der Delinquenten, die in den Zielländern nicht unbedingt auf Wohlwollen stießen. In den Vereinigten Staaten begegnete man dem, was die Italiener aßen, bis zum Ersten Weltkrieg sogar mit großer Skepsis. Amerikanische Ärzte betrachteten Olivenöl, Nudeln und Pizza lange Zeit als schwer verdaulich und somit für eine gesunde Ernährung absolut nicht zu empfehlen. Selbstverständlich resultierte dieses Vorurteil über das Essen aus den Urteilen über diejenigen, die es zu sich nahmen. Und somit ist es kein Wunder, dass sich die amerikanische Meinung über die italienische Küche und italienische Restaurants just im Ersten Weltkrieg änderte, als Italien, das Land der Habenichtse und Diebe, sich als heroischer Bündnispartner entpuppte.

In diesen Kontext, in dem das zugehörige Narrativ zum untrennbaren Bestandteil von Nahrungsmitteln wird, gehört beispielhaft eine weitere erstaunliche Erfindung: die sogenannte mediterrane Ernährung oder Mittelmeerdiät, die, wie es der Zufall will, auf dem Mist des amerikanischen Physiologen Ancel Keys gewachsen ist. Der Erfinder der berühmten *K-ration*, der Tagesration US-amerikanischer Soldaten im Zweiten Weltkrieg, machte in den 1950er-Jahren eine weitere sensationelle Entdeckung. Unterernährte haben keine Cholesterinprobleme … Schon gut, ein billiger Witz, aber abgesehen davon bleibt festzuhalten, dass die Erfindung der »Mittelmeerdiät« und ihre geschickte Vermarktung (ebenfalls bereits durch besagten Keys) in der ganzen Welt die Vorstellung von einem gesunden, schönen, alle Sinne befriedigenden Leben verbreitete, die sich zu einem Qualitätssiegel für praktisch alles entwickelte, was sich irgendwie unter dem Label »Made in Italy« zusammenfassen ließ.

Somit wären wir bei den regionalen Spezialitäten, die das Erbe all dieser Geschichten in sich tragen und ausstrahlen. Doch damit sprechen wir von den 1970er-Jahren, dem Ende der Expansion der Großindustrie, und von einer italienischen Gesellschaft, die, wie Pier Paolo Pasolini sofort auffiel, ihre kulturellen Wurzeln zum großen Teil verloren hatte. Sie hatte sie eingetauscht gegen einen Wohlstand, der zwanzig Jahre früher undenkbar gewesen war. Unter diesen Umständen waren es die kulinarischen Spezialitäten, die den Regionen ein wenig von ihrer Identität zurückgaben und zugleich die Vorteile jenes Klischees von gesunder Rückständigkeit und unerschütterlichen traditionellen Werten nutzbar machten, die Italien als etwas Bukolisches, eine Art Arkadien erscheinen ließen.

Aus diesem Grund lautet die zweite Grundthese des Buches, dass das Typische weniger von der Region her gedacht werden muss, aus der ein Lebensmittel stammt, als vielmehr von der Zielgruppe, die es konsumiert. Es ist nun einmal leichter, Herstellungstraditionen zu erfinden, als Konsumgewohnheiten vom grünen Tisch aus zu konstruieren.

Wie flüchtig man auch auf die aktuelle italienische Verlagsproduktion blickt und egal zu welcher Tageszeit man sich durch beliebige Fernsehprogramme zappt: Unweigerlich wird man auf Bücher und Sendungen stoßen, die sich der Küche, der Kulinarik, lokalen Spezialitäten und Ähnlichem widmen. Auch Werke mit einem gewissen Anspruch – beispielsweise das vor einigen Jahren erschienene *Felicità d'Italia* von Piero Bevilacqua – widmen gastronomischen Themen definitiv eine große Aufmerksamkeit. Selbstverständlich überwiegt die sozusagen hagiografische Berichterstattung über die italienische Küche, mit einer starken Neigung, ihre antiken Wurzeln zu betonen (Bevilacqua beginnt sogar noch vor den Römern, und wenn man ihn nicht gebremst hätte, hätte er sicher auch Ötzi noch erwähnt, den ersten Sternekoch Italiens, denn schließlich hatte der kurz vor seinem Tod noch Hirsch und Steinbock zubereitet und gegessen).

Dieses Buch versucht an eine Geschichte anzuknüpfen, die allzu häufig nicht mit der Absicht erzählt wird, »die Vergangenheit in Abhängigkeit von der Gegenwart und die Gegenwart in Abhängigkeit von der Vergangenheit zu analysieren«, wie es der berühmte Historiker Marc Bloch formulierte, sondern aus der Notwendigkeit heraus, die Vergangenheit für die Gegenwart »nutzbar« zu machen. Ich möchte eine entzaubernde, teilweise entweihende, aber nichtsdestoweniger notwendige Sichtweise einführen. In der Tat sind bereits ein paar Risse entstanden, haben sich bei Forschenden und Gelehrten leichte Zweifel an einer Erzählung und Selbstglorifizierung eingeschlichen, die all jene misstrauisch machen *muss*, die von Berufs wegen die Auswertung und Kritik von Quellen zum Dreh- und Angelpunkt ihrer Arbeit machen sollten.

Die Macht des (Regional-)Typischen

In Lebensmittelgeschäften oder Supermärkten werden wir zur Beeinflussung unserer Kaufentscheidung häufig mit Angeboten und Bildern bombardiert. Zuerst überlegen wir, ob wir ein Markenprodukt oder eine regionale Spezialität kaufen wollen, wobei ich unter Markenprodukt ein industriell hergestelltes Erzeugnis verstehe, das zugleich auch eine regionale Spezialität sein kann. Wenn diese erste Entscheidung getroffen ist und man sich in Italien beispielsweise in einem Geschäft wie einer *Salumeria* befindet, wo man persönlich bedient wird, bekommt man unweigerlich etwas Besonderes angeboten. Um es zu präzisieren: Will man Salami oder Käse kaufen, wird die Person hinter der Theke pflichtbewusst sämtliche Spezialitäten aufzählen: »Schinken aus Carpegna«, »Salami aus Felino«, »Pecorino aus Pienza« und so weiter … das jeweilige Herkunftsattribut ist unverzichtbar. Natürlich bekommen wir diese Spezialitäten auch im

Supermarkt, auch wenn sie dort von niemandem angepriesen, sondern im Regal präsentiert werden: Auf den Etiketten befinden sich die entsprechenden Label wie DOP, IGP, DOC etc., die uns lenken sollen, indem sie uns die Sicherheit vermitteln, dass es sich dabei um ein besonderes, mit handwerklicher Sorgfalt hergestelltes Lebensmittel handelt. Letztendlich hängt unser Einkauf von vielerlei Faktoren ab, unserer ökonomischen Situation, der verfügbaren Zeit, der Überzeugungskraft eines Verkäufers oder Etiketts. Für den Erwerb einer regionalen Spezialität gibt es aber offenbar noch eine andere Logik, die ich auf den folgenden Seiten zu analysieren versuche.

Dinge zu kaufen heißt Entscheidungen zu treffen, denn in unserer heutigen Gesellschaft ist es für die Konsumierenden praktisch unmöglich, keine Wahl zu haben: Wer ein bestimmtes Produkt oder eine Dienstleistung wünscht oder benötigt, bekommt immer eine gewisse Bandbreite an unterschiedlichen Angeboten präsentiert, die jedoch alle in der Lage sind, den Wunsch oder das Bedürfnis zu befriedigen. Schlagen wir uns also einen unsinnigen Gedanken sofort aus dem Kopf: Keine unserer Entscheidungen wird uns allein von der Ratio diktiert. Und wenn ich »keine« sage, dann meine ich das so – egal, ob es sich um einen Anzug handelt oder den Anlagefonds für unsere Ersparnisse. Für unsere Entscheidung zwischen diversen Alternativen interpretieren wir nicht nur die uns zur Verfügung stehenden Informationen, auch unsere damit verbundenen Emotionen spielen eine Rolle: Der Wunsch, die Bewertung von Risiken, die Einschätzung der Wahrscheinlichkeit, dass unser Wunsch oder Bedürfnis erfüllt wird – das alles hat wenig mit rationalen Überlegungen zu tun. Und dann gibt es da auch noch das kleine Problem mit dem lieben Geld, das knapp sein könnte.

Wären wir in der Lage, uns jederzeit sämtliche Bedürfnisse zu erfüllen, gäbe es gar keine Notwendigkeit, Entscheidungen zu treffen. Das Ganze hängt nicht nur mit dem Geld zusammen (das einem Großteil der Menschheit nicht unbegrenzt zur Verfügung steht), sondern auch mit Platz, Zeit, Energie und anderem.

Die Wirtschaftswissenschaft hat zu erklären versucht, welche Mechanismen solchen Entscheidungen zugrunde liegen, und dazu das mehr oder weniger brauchbare Konzept des »Nutzens« eingeführt. Zur Verdeutlichung ein klassisches Beispiel: Habe ich Durst, nimmt der Nutzen von einem Glas Wasser so lange zu, bis ich es getrunken habe, während der Nutzen möglicher folgender Gläser immer geringer wird (das zweite hat weniger Nutzen als das erste, das dritte weniger als das zweite und so weiter). Je mehr mein Bedürfnis erfüllt ist, desto weniger Nutzen hat das Produkt für mich, das ich zur Erfüllung brauche. Insofern stellt der Begriff des Nutzens die Grundlage für die Gesetze des Marktes dar, nach denen der Preis steigt, wenn die Nachfrage das Angebot übersteigt, und sinkt, wenn das Angebot größer ist als die Nachfrage.

Ist damit alles gesagt? Können wir behaupten, dass die Ökonomie endgültig geklärt hat, warum wir uns tagtäglich für dieses und gegen jenes Produkt entscheiden? Nein, nicht im Geringsten. Die Ökonomie beschäftigt sich mit dem Ergebnis solcher Entscheidungen, nicht mit den mentalen Prozessen, die sie herbeiführen. Ich dagegen frage (was die Zwischenüberschrift andeutet) nicht nach dem Was, sondern dem Warum. Ja, es gibt auch eine Disziplin namens Verhaltensökonomie, die zur Erklärung von Marktmechanismen bestimmte psychologische Aspekte heranzieht. Denn wir müssen uns darüber im Klaren sein: Nur mit dem Konzept des Nutzens geht die Rechnung im seltensten Fall auf. Der Markt funktioniert offenbar sehr viel häufiger nach emotionalen als nach rationalen Mustern.

Wenn also der Markt generell auch von Gefühlen beeinflusst wird, wie sieht es dann erst bei individuellen Entscheidungen aus, sei es im eher ökonomischen Bereich, sei es bei den Dingen, die wir essen und trinken. Natürlich spielt dabei eine schwer zu quantifizierende Bedürfnisbefriedigung eine noch größere Rolle. Der Psychologe Paul Bloom, der in Yale unterrichtet (und insofern unbedingt vertrauenswürdig ist), sagt ganz eindeutig: Ein so schlichter Genuss wie das Essen hängt nicht nur vom Geschmack der Dinge ab, die wir uns in den Mund schieben, sondern auch davon, was wir darüber wissen und denken. Ein Nahrungsmittel schmeckt uns oder schmeckt uns nicht aufgrund dessen, was es für uns darstellt. Die Akzeptanz, so Bloom, beeinflussen verschiedene soziale und kulturelle Faktoren: Wem schmeckt dieses Nahrungsmittel? Wo können wir es probieren? Was wissen wir über seinen Herstellungsprozess? Die persönlichen Einstellungen ergänzen den rein sensorischen Eindruck.

Hier sind wir meiner Ansicht nach beim eigentlichen Punkt angekommen: Warum kauft man eine regionale Spezialität? Vor dem Hintergrund des eben Gesagten könnte man die Frage ganz banal damit beantworten, dass eine regionale Spezialität zusätzlich zur Geschmacksempfindung kulturelle und soziale Elemente mitliefert. Genauer gehe ich darauf in den folgenden Kapiteln ein, aber schon jetzt lässt sich feststellen, dass Kauf und Verzehr eines regionaltypischen Produkts uns eine besonders befriedigende Erfahrung ermöglicht, weil wir überzeugt sind, dass dieses Produkt Ergebnis einer langen Geschichte und eines harmonischen Verhältnisses zu seiner Umwelt und damit letztlich gesünder und unverfälschter ist. Darüber hinaus fühlen wir uns auch besser, weil wir glauben, dass diese Spezialität aus handwerklichen Fähigkeiten hervorgegangen ist, die verloren gehen könnten, wären nicht aufgeschlossene Leute wie wir bereit, ein wenig mehr dafür zu bezahlen, um sie zu bewahren. Ein Beispiel sind die Slow-Food-

Förderkreise (ital. *presidio*), deren vorrangiges Ziel es zu sein scheint, vom Aussterben bedrohte Produktionsformen und -traditionen zu retten – so als steckte hinter dem Kauf bestimmter Produkte eine soziale Mission. Unnötig darauf hinzuweisen, dass es für einen großen Teil dieser Überzeugungen keine Rechtfertigung gibt, was ich ebenfalls in den folgenden Kapitel darlegen werde.

Allerdings ist hier weniger relevant, ob die Geschichten der Spezialitäten wahr oder falsch sind oder wie nachhaltig sie sind, hier geht es darum, was Konsumentinnen und Konsumenten wahrnehmen (wollen). In der Erzählung *Die Brille* von Edgar Allan Poe verliebt sich der junge, extrem kurzsichtige Protagonist sehr heftig in eine Frau, die ihm wunderschön erscheint. Als er schließlich eine Brille aufsetzt, stellt er fest, dass es sich um eine zahnlose Alte handelt. Die verfluchte Brille hat doch tatsächlich eine romantische Liebesgeschichte ruiniert. Entsprechend kommt es eigentlich weniger darauf an, wie viel Wahrheit und wie viel Fantasie in dem steckt, was uns über unsere Nahrung erzählt wird, sondern vielmehr darauf, welche Befriedigung wir daraus ziehen. Die Neigung, um des Genusses willen von den Tatsachen auch einmal abzusehen, schadet nach meinem Dafürhalten nicht.

Doch auch das hat seine Grenzen. 2014 wurde der Weinsammler und -experte Rudy Kurniawan zu zehn Jahren Gefängnis und Schadensersatz in

Millionenhöhe verurteilt, weil er jahrelang Sammlern und reichen (vor allem amerikanischen) Halbweltgrößen mittelmäßigen Wein als edle Tropfen der besten französischen Winzer verkauft hatte. Mithilfe authentischer Flaschen, die er sich leer aus Restaurants beschaffte, und oft selbst gedruckten Etiketten fälschte er perfekt besonders geschätzte Jahrgänge und Kellereien. Lustigerweise wurde der Millionenschwindel nicht deshalb aufgedeckt, weil einer der Weintrinker bei der Verkostung auf den Gedanken kam, es könne sich statt um einen 56er Château Latour um Wein aus dem Karton handeln. Es war stattdessen wie üblich irgendeinem Pedanten aufgefallen, dass ein bestimmter von Kurniawan verkaufter Wein in dem auf dem Etikett angegebenen Jahrgang überhaupt nicht produziert worden war. Logisch, dass Leute, die mehrere Zehntausend Dollar für eine Flasche Wein ausgegeben haben, sich ein wenig sträuben zuzugeben, dass man sie über den Tisch gezogen hat. Aber ebenso logisch ist es, dass der Geschmack des Weins vom Flaschenetikett beeinflusst wird.

Das Interesse an der Tradition und Geschichte von Lebensmitteln ist heute mit Sicherheit stärker ausgeprägt als früher. Das trifft nicht nur auf Italien zu, wie der Fall Kurniawan zeigt, gerade dort aber scheint dieses Interesse auf einem besonders hohen Level zu sein. Während in anderen Industrieländern die Bedeutung der kulinarischen Tradition aus dem erreichten Wohlstand hervorgegangen zu sein scheint, der dazu führte, Nahrungsmittel nicht mehr nur als Mittel zur Stillung von Hunger zu betrachten, ist in Italien, wo man mit Veränderungen offenbar schwerer fertigwird, eine ausgeprägte Sehnsucht nach der Vergangenheit festzustellen, sei sie nun authentisch oder erfunden.

Die Vergangenheit hat etwas Beruhigendes. Oder besser gesagt, sie macht weniger Angst als die Zukunft. Das gilt allerdings nur eingeschränkt, denn diese Wahrnehmung betrifft nur die Zeit und die spezifischen Umstände, in denen sich Italien gerade befindet. Um es ganz deutlich zu sagen: Nur eine Generation vor uns war dieses Gefühl deutlich weniger ausgeprägt, von unseren Großeltern gar nicht zu reden, die all die Entbehrungen und Schwierigkeiten traditioneller Gesellschaften am eigenen Leib zu spüren bekommen hatten und sich in Bezug auf materielle Güter unter keinen Umständen nach den alten Zeiten gesehnt hätten. Sicher, auch unsere Großeltern schienen der guten alten Zeit hinterherzutrauern, in der das Leben einfacher und die menschlichen Beziehungen haltbarer gewesen waren, doch zugleich kannten sie auch die allgemeine Not, die beschränkten Möglichkeiten und die allgegenwärtige Unmöglichkeit, auch nur die Grundbedürfnisse zu befriedigen. (Abgesehen davon glorifiziert man irgendwann sogar den Militärdienst, und sei es nur, weil man damals noch zwanzig war.)

Das alles spiegelt sich nicht nur im großen und vielfältigen Markt der regionalen Spezialitäten wider, sondern wird auch von der Lebensmittelindustrie ausgeschlachtet, was überdeutlich das Marketing für Kekse, Nudeln, Bier oder diverse Saucen beweist, in denen immer häufiger statt auf die Forschung auf eine idyllische Vergangenheit, ein aus langer Erfahrung hervorgegangenes handwerkliches Können und nicht zuletzt eine Ursprünglichkeit verwiesen wird, die alles zu leugnen scheint, was die Wissenschaft für Nahrungsmittel leisten kann. Selbst eine Tüte Kartoffelchips rühmt sich inzwischen einer Geschichte, die sie schlechterdings nicht haben kann – und warum sollte sie auch? Chips aus der Packung sind ein prototypisches Produkt der Moderne, ein Kind des Wohlstands und ganz sicher nicht der Tradition. Doch offensichtlich sind die Marketingleute zu dem Schluss gekommen, dass Geschichte und Tradition selbst bei einem solchen Produkt eine Sicherheit vermitteln, die seine Attraktivität für die Konsumierenden erhöht.

Die Frage, warum man regionaltypische Erzeugnisse kauft, kann somit neu formuliert werden: Warum gibt es in Italien mehr solcher Spezialitäten als anderswo und außerdem ein zuweilen völlig unverständliches Bemühen darum, bestimmte Produkte aufzuspüren und zu zertifizieren, deren Herstellung keinen realen ökonomischen, sondern nur einen kulturellen Nutzen zu haben scheint? Zusammengefasst geht es nicht nur darum, die Gründe für den Kauf regionaler Produkte ausfindig zu machen – die sind mehr oder weniger verstanden –, sondern um die weiter gefasste und subtilere Frage: Was bringt Unternehmen, Politik und Verwaltung sowie die normale Bevölkerung dazu, nach ihnen zu forschen und sie bei Bedarf auch zu erfinden? Italien ist das Land, in dem zwei der reichsten Regionen weltweit, Veneto und Friaul-Julisch Venetien, sich streiten, wer das Tiramisu hervorgebracht hat, und in dem hochrangige Landespolitiker sich wie mittelalterliche Ritter befehden, um die Ehre einer Wurst- oder Käsesorte zu verteidigen. Es hat in der Tat etwas Mittelalterliches, wenn sich jede einzelne Gemeinde nach Kräften um die Anerkennung einer lokalen Spezialität bemüht, als wären diese Produkte »die heiligen Reliquien des 21. Jahrhunderts, in dem Brot aus geröstetem Weizen verehrt wird wie der Arm des Heiligen Antonius und eine Sauce aus Sardellen wie das Blut des Heiligen Januarius, in dem die *Strade del vino* einem Pilgerweg und der Kampf um das DOP-Label dem letzten Kreuzzug gleichen« (Marianna Mascioletti).

Auch in diesem neuen Mittelalter stemmt sich der Mythos der Wissenschaft entgegen. Oder um es mit den Worten Elena Cattaneos auszudrücken: »Der Mythos ist verlockend, die Wissenschaft komplex.« Mehr ist es letztlich nicht.

I.

Die italienische Küche ist noch keine fünfzig

Die Geschichte der italienischen Küche basiert seit jeher auf einer Reihe von Annahmen, die inzwischen zu unverrückbaren Wahrheiten geworden sind. Ich nenne im Folgenden die wichtigsten, und auf die würden die meisten Italiener wohl ihren Kopf verwetten:

1. Die heutige italienische Esskultur hat ihre Wurzeln in althergebrachten Traditionen sowie in der Küche des Mittelalters und der Renaissance.
2. Die italienische Küche ist die Summe vieler Regionalküchen.
3. Pellegrino Artusi war ein großer Koch und profunder Kenner der verschiedenen italienischen Regionalküchen.
4. Die italienischen Emigranten verbreiteten die Esskultur ihrer Regionen in alle Welt.
5. Italien ernährte sich schon immer nach den Prinzipien, die heute als »Mittelmeerdiät« bekannt sind.

Wer darauf seinen Kopf verwettet, sollte wissen, dass er ihn verliert, denn kein einziges dieser Axiome beruht auf Tatsachen. Ich kann sogar guten Gewissens behaupten, dass genau das Gegenteil der Realität entspricht:

1. Die sogenannte italienische Küche steht in keinerlei Beziehung zu alten Traditionen und der Küche des Mittelalters und der Renaissance.
2. Die Regionalküchen sind eine recht neue Erfindung.
3. Pellegrino Artusi konnte nicht fantastisch kochen und hatte kein Interesse daran, die tatsächlichen Essgewohnheiten Italiens zu erforschen und zu verbreiten.
4. Die italienischen Emigranten schufen im Ausland, insbesondere in Nordamerika, einen Großteil der italienischen Küche, die später nach Italien rückimportiert wurde.
5. Die Italiener ernährten sich nie nach den Prinzipien der Mittelmeerdiät.

Ich will nicht um den heißen Brei herumreden: Die italienische Küche, wie wir sie heute kennen, ist in den 1970er- und 1980er-Jahren entstanden. Mit etwas Großzügigkeit können wir ihr also gute vierzig Jahre bescheinigen. Nur damit wir uns richtig verstehen: In diesem Zeitraum sind auch die Rezepte und Produkte entstanden, die wir heute auf die Vorstellung der italienischen Küche zurückführen, doch vor allem wurde damals ihr Mythos geschaffen – ihr Narrativ, wie es in der Anthropologie heißt. Die Erforschung der kulinarischen Tradition als eines ihrer wichtigsten Identitätsmerkmale ist eine Erfindung jener Jahre, auch wenn sich die ersten Vorzeichen bereits im italienischen Faschismus ausfindig machen lassen. In jedem Fall handelte es sich um ein kulturelles Element, das rund dreißig Jahre des krampfhaften Ringens um Modernität und (tatsächliche oder vermeintliche) Vereinheitlichung auch bei Tisch zunichtemachte.

Die Verkünder dieser Kulturrevolution, muss man allerdings einräumen, fingen nicht bei null an. Carnacina, Veronelli, Buonassisi, Alberini und wie sie alle heißen: Den Gastrojournalisten und Kochbuchautoren stand bereits ausreichend Material für eine erste Fassung dieser Geschichte zur Verfügung, und ebenso konnten Mario Soldati oder der vielseitige Exzentriker Gianni Brera einige Jahre früher ihre Erzählung von den (auch kulinarischen) Volkstraditionen mit ihrer außergewöhnlichen Poesie fabrizieren. Es mag halt nur niemand zugeben, dass der überwiegende Teil dieser kulinarischen Identität – zu jener Zeit noch im Rohzustand – erfunden worden war und dann vor allem von den Emigrierten, insbesondere in den italienischen Communitys in Nordamerika, am Leben erhalten und geschützt wurde.

Die Barbaren, die Stadt und das höfische Leben

Nehmen also auch wir einmal das Rohmaterial zur Hand und behalten dabei im Hinterkopf, dass die 1970er-Jahre ein prägender Moment waren, denn in jenem Jahrzehnt wurden viele der tatsächlichen oder mutmaßlichen Traditionen bearbeitet, deformiert oder frei erfunden. Ich versuche also, die Geschichte der italienischen Küche so zu erzählen, wie es sich eigentlich gehört, möglichst ohne Mythen und Legenden; schließlich handelt es sich ja nicht um Götter des Olymps, sondern um das uralte Menschheitsproblem, den Bauch vollzukriegen, und es lässt sich einfach kein realer historischer Grund denken, warum die Bevölkerung des Landstrichs, den wir heute Italien nennen, dies besser als andere Völker der Erde hingekriegt haben sollte (ich würde sogar das Gegenteil behaupten …).

Womit fange ich an? Offen gesagt ist jede Entscheidung ein wenig beliebig, denn die Geschichte der Menschheit entwickelt sich ohne echte Brüche, vor allem hinsichtlich der Elemente der materiellen Zivilisation, und was gäbe es Materielleres als Nahrung? Ich widerstehe dennoch der Versuchung, bei den Camunern, Etruskern, Kelten und Römern anzufangen und entscheide mich fürs Mittelalter etwa ab dem 8. Jahrhundert, als die ethnische und kulturelle Vermischung mehr oder weniger zu einem Stillstand gekommen war. Sizilien bildet eine Ausnahme, dort endeten die Verwerfungen erst im 13. Jahrhundert mit der endgültigen Etablierung des Hauses Aragón. Beginnen wir, als sich, wie der Historiker Massimo Montanari es beschreibt, die Kultur des Brots, des Weins und des Öls (Symbol der römischen Agrargesellschaft) mit der Kultur des Fleischs, der Milch, des Specks und der Butter (Symbol der »barbarischen« Kultur, die mehr an die Nutzung des Waldes als an die Landwirtschaft geknüpft war) vermischte und das »Bauer-Jäger-Schäfer-Modell« entstand.

Bei dieser Fusion verschiedener Kulturen ist Italien keine Ausnahme, die Begegnung der römischen und barbarischen Essgewohnheiten fand in ganz Europa statt, außer in dem Territorium, das weiter unter byzantinischer Herrschaft stand: Dorthin konnte der Einfluss der sogenannten Barbarenvölker nicht vordringen, weswegen es weiter der griechisch-römischen Kultur verbunden blieb. In Italien wurde damals das Gleiche gegessen wie auf der Iberischen Halbinsel und in Südfrankreich, aber auch zum Teil auf dem Balkan. Aus naheliegenden klimatischen und landwirtschaftlichen Gründen unterschied sich die Ernährung vermutlich leicht von der in Zentraleuropa, doch im Großen und Ganzen ernährte sich die europäische Bevölkerung von Getreide und Fleisch. Je weiter südlich man kam, desto wichtiger waren Brot und Öl, während nach Norden hin tierische Fette (Speck und Butter) eine größere Rolle spielten. Die Unmöglichkeit, Wein oberhalb des 50. Breitengrads anzubauen, limitierte lange Zeit seinen Konsum im nördlichen Teil Europas, da er importiert werden musste und deutlich teurer war als andere alkoholische Getränke aus heimischer Produktion wie beispielsweise Bier. Das wird sich, wie wir sehen werden, im Lauf des 18. Jahrhunderts ändern. Für eine Angleichung der Essgewohnheiten in ganz Europa sorgte schließlich das Christentum mit seinen Vorschriften, den Symbolen der Eucharistie (Brot und Wein) sowie den Fasten- und Festtagen.

Bis zum Beginn der Verstädterung im 10. und 11. Jahrhundert war Europa vom Feudalsystem und der Curtiswirtschaft bestimmt. Auch in dieser Hinsicht gab es Unterschiede in den verschiedenen Gebieten des Kontinents, aber die Subsistenzwirtschaft war überall die mit weitem Abstand wichtigste Art und Weise des Lebensunterhalts. Gehandelt wurde kaum, der Konsum lokaler Produkte war eine schlichte Notwendigkeit und nicht eine Form des Snobismus wie heute. Städte waren kleine Verwaltungszentren, kaum größer als Dörfer, und an Bischöfe oder andere Persönlichkeiten von einer gewissen politischen Bedeutung gebunden. Dieses Faktum muss man im Hinterkopf behalten, denn solange sich keine Städte mit einem relevanten Bedarf an Lebensmitteln bilden, ist es sinnlos, von Küche oder gar von Esskultur zu sprechen. In dem »ewigen Dorf« (George Huppert) des vorindustriellen

Europas aß man das, was man erzeugen konnte, und zwar dann, wenn es vorhanden war. Man konnte es sich weder leisten, über Geschmack nachzudenken, noch sich besondere Zutaten verschaffen.

Aus unterschiedlichen Gründen, die darzulegen sehr lange dauern würde, regenerierten oder bildeten sich im mittelalterlichen Italien die Städte früher und in geordneteren Formen als anderswo. Aufgrund dieser »Frühreife« waren es auch die italienischen Städte, denen es besser als anderswo gelang, das sie umgebende Gebiet unter ihre Herrschaft zu bringen. Denn in der Tat ist eine Stadt aufgrund ihres Charakters eben nicht in der Lage, die benötigten Nahrungsmittel selbst zu erzeugen, und somit auf ein verlässliches Versorgungssystem angewiesen. Daher rührte die politische Strategie, Getreidevorräte innerhalb von Städten anzulegen, und auch die Unterwerfung mehr oder weniger ausgedehnter ländlicher Gebiete diente diesem Ziel. Nicht nur, aber vor allem die Städte waren Orte des Handwerks, Handels, politischen Wettbewerbs und Studiums. Kurz gesagt konzentrierten sich in den Städten die Reichen und Mächtigen der Gegend, die ihren Reichtum und ihre Macht in allem, was sie taten, zur Schau stellen mussten, und daher immer prunkvollere Behausungen bauen ließen, immer kostbarere Gewänder trugen, aber auch immer ausgesuchtere Speisen zu sich nahmen. Damit begann die erste Phase der Geschichte der italienischen Küche, die mit der zweiten, wie wir sehen werden, kaum etwas zu tun hat.

Das erste Epos der italienischen Kulinarik ist somit eine rein städtische Angelegenheit: Kommunale Zentren und später die Hauptorte von Herrschaftsgebieten wurden zu privilegierten Stätten des Luxus. Die unterschiedlichen Ernährungsgewohnheiten zwischen Stadt und Land waren im Spätmittelalter besonders ausgeprägt und äußerten sich in Italien noch deutlicher als anderswo. Die Stadtbewohner aßen abwechslungsreicher als die bäuerliche Bevölkerung, in der Stadt wurde mehr Fleisch gegessen, und man betrachtete es als Recht, sich helles Brot aus feinem Mehl kaufen zu können. Zugleich darf man dies nicht generalisieren: Auch in der Stadt lebten Menschen, die das essen mussten, was sie gerade bekommen konnten; in einer Gesellschaft mit struktureller Ernährungsunsicherheit waren regelmäßiger Hunger und Verzweiflung bis hin zum Kannibalismus durchaus präsent.

Aber wir beschäftigen uns hier nicht mit den Verzweifelten und auch nicht mit den Bauern (die laut einem italienischen Sprichwort besser nicht erfahren sollten, wie gut Käse mit Birnen schmeckt), sondern nur mit dem sehr kleinen Anteil der Bevölkerung, der keine Schwierigkeiten hatte, etwas zum Essen auf den Tisch zu bringen. Ausschließlich an dieses Publikum richteten sich die Rezeptsammlungen, die seit Ende des 13. Jahrhunderts auftauchten, und die darin beschriebene Küche ist laut Massimo Montanari eine »überwiegend internationale: Die gleichen Namen, Aromen, Zubereitungsarten kommen in den Sammlungen aus Italien, Frankreich, Spanien, England und Deutschland vor. Allen gemeinsam ist ein verschwenderischer Umgang mit Gewürzen, dem eigentlichen Statussymbol der mittelalterlichen Küche.« Bei diesen Büchern handelte es sich ganz offensichtlich vor allem um eine Dokumentation der Essgewohnheiten von städtischen Eliten, eine der vielen unterschiedlichen Formen der Zurschaustellung von Reichtum, auf die die herrschende Klasse ihre Macht gründete. Abgesehen davon waren solche Handschriften so teuer, dass es sehr unwahrscheinlich ist, dass sie von Leuten erworben wurden, die sie hätten nutzen können, beispielsweise Gastwirte. In dem *Liber de coquina* aus dem 14. Jahrhundert oder der Rezeptsammlung von Maestro Martino aus dem 15. Jahrhundert steht eine lehrende oder praktische Absicht nicht im Vordergrund. Man denke nur daran, wie sich Pellegrino Artusi fünf Jahrhunderte später über die mangelnde Praxistauglichkeit der noch im 19. Jahrhundert zirkulierenden Kochbücher beklagte, die im Grunde nur eine Weiterentwicklung jener mittelalterlichen Pionierwerke waren. Sie waren verfasst von Profis, die ihre Fertigkeiten und ihre Fantasie unter Beweis stellten, oder von Höflingen, die ihrer Herrschaft schmeicheln wollten, die sie tagtäglich an der reich gedeckten Tafel teilhaben ließ.

Was aß man denn nun im Mittelalter und der Renaissance an den Tischen der Fürstenhöfe und des italienischen Adels? Was findet sich in den Kochbüchern dieser und der folgenden Jahrhunderte? Der Speisezettel der Reichen, zu denen wir auch Bischöfe und Kardinäle, Äbte und andere Angehörige der oberen Ränge der kirchlichen Hierarchie zählen müssen, bestand vorwiegend aus Gerichten, die wir aus heutiger Sicht zumindest unappetitlich, wenn nicht geradezu ekelerregend finden würden.

Beginnen wir mit dem konkreten theoretischen Hintergrund: Gemäß der Medizin dieser Epoche war der Körper dann gesund, wenn alle Elemente – damit sind heiß, kalt, trocken und feucht gemeint – sich in einem Gleichgewicht befanden, und dieses Gleichgewicht sollte vor allem durch die Ernährung erreicht oder wiederhergestellt werden. Eine Speise war also besonders gesund und schmackhaft, wenn sie die grundlegenden Eigenschaften süß, salzig, scharf, bitter und so weiter vereinte. Und wenn das, was gut schmeckt, auch gut tut, stimmt auch das Gegenteil: Was gut tut, schmeckt auch. Darüber hinaus betrachtete man das Aussehen und die Farben der Gerichte als entscheidend für ihre geschmackliche und gesundheitliche Qualität, weswegen Gerichte aufgetischt wurden wie *biancomangiare* (wörtlich: Weißes essen) oder *agrodolce* (Sauersüßes) oder süße Saucen, die über salzige Speisen gegossen wurden, und Ähnliches. Es stimmt auch nicht, dass die Gewürze dazu dienten, den wegen mangelnder Konservierung schlechten Geschmack von Fleisch zu übertönen, wie häufig behauptet wird. Im Gegenteil, man aß das Fleisch damals noch frischer als heute üblich. Die Gewürze waren vielmehr, wie erwähnt, einerseits Statussymbol, andererseits ein Mittel, um die Geschmacksrichtung eines Gerichts auszubalancieren und dadurch sozusagen gesünder zu machen. Insofern wurde Zucker lange Zeit als Gewürz betrachtet, da er salzigen oder bitteren Speisen Süße verleihen konnte.

Schön und gut, werden die Belesenen unter Ihnen denken, aber Boccaccio erzählt im *Dekameron* doch von Ravioli und Bergen von geriebenem Parmesan, also Dingen, die uns auch heute noch schmecken, dazu da und dort noch Hinweise auf Lasagne und Maccheroni, mehr italienische Küche geht doch gar nicht. Ganz richtig, doch hier gilt es einiges zu präzisieren: Erstens sprechen wir immer noch von Speisen für ganz wenige: Nicht umsonst sind Ravioli und Maccheroni bei Boccaccio in einem Schlaraffenland namens »Wohlbekomm's« *(Paese di Bengodi)* angesiedelt. Abgesehen davon war die Sache mit den Nudeln, ich muss es so direkt sagen, keine exklusiv italienische Angelegenheit. Auch wenn man es nur ungern zugibt, wurden sie im Hoch- und Spätmittelalter im gesamten Mittelmeerraum gegessen. So mysteriös einige Aspekte immer noch sind, gibt es doch gute Gründe anzunehmen, dass die Pasta aus dem arabischen Raum nach Europa gelangte. Es waren also die Araber, die den Konsum und die Herstellungstechniken in allen von ihnen beherrschten und bewohnten Gebieten verbreiteten oder zumindest überall dort, wo politische und wirtschaftliche Beziehungen zu den Kalifaten des Mittelmeerraums bestanden. Da die Araber bis ins 13. Jahrhundert in Sizilien blieben, verwundert es kaum, dass Nudeln auch in den folgenden Jahrhunderten ein weit verbreitetes Nahrungsmittel in Italien waren, im südlichen Teil noch mehr als anderswo. Zu behaupten, Pasta sei ein typisch italienisches Gericht mit einer Tradition vom Mittelalter bis heute, wäre jedoch übertrieben. Die folgenden Jahrhunderte werden zeigen, dass ein nennenswerter Nudelkonsum bis vor wenigen Jahrzehnten nur in sehr begrenzten Regionen nachzuweisen ist.

Kommen wir zu den Ravioli. Zu Tortellini und Tortelli, später dann Cappelletti, Cappellaci, Agnolotti und Anolini, aber auch zu den vielen gefüllten Torten und Pasteten, die im Grunde alle zur großen Familie von Teigen mit Füllung gehören. Auch in diesem Fall muss man einiges konkretisieren: Erstens handelt es sich wieder um Gerichte für wenige Auserwählte, und zweitens ist auch hier absolut nicht gesagt, dass sie etwas speziell Italienisches sind. In unterschiedlichen Formen und mit unterschiedlichem Inhalt finden sich gefüllte Teigwaren in ganz Europa beziehungsweise sogar weltweit, wie viele chinesische und japanische Gerichte beweisen. Dass spezielle gefüllte Pastasorten mit der Zeit zu Wahrzeichen diverser lokaler Küchen Italiens wurden, ist dagegen unzweifelhaft. Tatsächlich wurden im Lauf des 15. und 16. Jahrhunderts Ravioli und gefüllte Torten oder Pasteten das Symbol der italienischen Hofküche und blieben es in gewisser Weise auch in den späteren Jahrhunderten, vor allem im Norden und im Zentrum. Es handelte sich wohlgemerkt immer noch um Speisen, die wir nur mit Mühe herunterbekämen. Um nur ein Beispiel zu nennen: Mantua und Ferrara streiten sich um die Erfindung von Kürbistortelli, die sie Isabella d'Este zuschreiben, die in Ferrara geboren wurde, aber seit ihrem sechzehnten Lebensjahr in Mantua lebte. Leider war der Kürbis, mit dem die Teigtaschen heute zubereitet werden, zur Zeit Isabellas (1474–1539) in Italien noch unbekannt, weswegen die Tortelli, die die schöne Markgräfin zu sich nahm, fraglos etwas völlig anderes waren als das, was wir heute essen, und sehr wahrscheinlich auch gar nicht nach unserem Geschmack.

Die politischen und sozusagen choreografischen Erfordernisse der italienischen Hofküche führten noch zu einem anderen, gewissermaßen paradoxen Effekt, vor allem vor dem Hintergrund der aktuellen Rhetorik der angeblichen landwirtschaftlichen und kulinarischen Exzellenz Italiens: Wann immer möglich tischte man bei den Herrschaften Dinge auf, die von weit her kamen. Die Gewürze habe ich schon erwähnt, aber auch bei Wein, Öl, Käse und konserviertem Fleisch wurde das am meisten geschätzt und gerühmt, was aus der Ferne kam – im Gegensatz zu den lokalen Erzeugnissen mit ihrem schlichten und gewohnten Geschmack. Man wollte damit selbstverständlich seine Gäste in Erstaunen versetzen und die Macht und den Reichtum der Gastgeber vor Augen führen. Was die umliegenden Felder, Wälder und Flüsse hergaben, war, falls nicht als Basiszutat schlicht notwendig, einer herrschaftlichen Tafel nicht würdig. Es waren die bäuerlichen Familien, die das zu essen hatten, was sie selbst herstellten. Die Sache mit den regionaltypischen Produkten funktionierte damals kurz gesagt genau anders herum: Eine Speise war dann gut, wenn sie Spezialität einer weit entfernten Gegend war. Was typisch für die Gegend war, in der die Herrschaft residierte, wurde weit weniger geschätzt.

Um zu verstehen, warum diese eigenartige, ja exzentrische Küche so viel Ruhm und Erfolg erntete, muss man sich vor Augen halten, dass während des gesamten Spätmittelalters und fast bis Ende des 16. Jahrhunderts Italien mit großem Abstand die reichste und fortschrittlichste Gegend Europas war, seine Städte waren die schönsten und größten. Nicht zu vergessen gab es nur in italienischen Städten gemauerte Häuser, während sie im restlichen Europa aus Holz waren, und das blieb noch lange Zeit so. Das allein hätte schon genügt, um die europäische Bewunderung für die urbanen Zentren der Halbinsel zu begründen, es war allerdings noch nicht alles: Die Kunstschaffenden Italiens waren die allerbesten, Ackerland wurde in Italien am produktivsten bestellt, die Manufakturen dort arbeiteten am fortschrittlichsten, ihre Produkte waren auf dem ganzen Kontinent die begehrtesten, die italienischen Banken die vertrauenswürdigsten und mächtigsten und so weiter. So war es nur natürlich, dass alle anderen Länder Italien nacheiferten und auch in Fragen des Lebensstils und -standards die Reichen Italiens das Modell für die Wohlhabenden anderer Regionen lieferten. Es war der Reichtum der italienischen Stadtstaaten insgesamt und ihre Modernität im Vergleich zum restlichen Europa, die auch den italienischen Essgewohnheiten ihr Prestige verliehen, und nicht umgekehrt, wie es heute zum Teil scheint.

In der Tat sank das Ansehen, das die italienische Küche an europäischen Höfen genoss, mit dem Niedergang der italienischen Wirtschaft. Nach dem Prunk des späten Mittelalters konnte der aus Ferrara stammende Koch Cristoforo di Messisbugo (1491–1548) ganz sicher noch in der ersten Hälfte des 16. Jahrhunderts Könige und Kaiser mit seinen unvergesslichen Banketten verblüffen; nur einige Jahrzehnte später galt Bartolomeo Scappi (1500–1577) unbestritten als bedeutendster Koch Europas. Im Jahr 1600 setzte Maria de' Medici, ohne Widerspruch zu ernten, ihre Forderung durch, für ihre Jahrhunderthochzeit mit dem König von Frankreich

Heinrich IV. den florentinischen Architekten Bernardo Buontalenti (1531–1608)zu engagieren und ihn sowohl das phantasmagorische Hochzeitsbankett im Oktober in Florenz als auch die etwas bescheideneren Festlichkeiten einige Monate später in Paris gestalten zu lassen.

Das könnte man als den Schwanengesang der Hochküche Italiens bezeichnen, denn deren Köche verschwanden von diesem Moment an aus der Elite der europäischen Esskultur.

Auftritt der Franzosen

Das 17. Jahrhundert hat die globalen Hierarchien bekanntermaßen verändert: Die alten Mittelmeermächte, darunter die großen italienischen Städte, erlebten einen unumkehrbaren Abstieg zugunsten neuer atlantischer Mächte, allen voran der Niederlande und England. Doch auch im Herzen des alten Kontinents etablierten sich neue Städte und Höfe als Vorbilder für Eleganz und Lebensstil: Insbesondere Paris wurde europaweit zum Zentrum der Kultur und des Stils. Wenig erstaunlich also, dass in dieser Ära auch der unaufhaltsame Aufstieg der französischen Küche als nachzuahmendes Modell für die anderen Küchen Europas begann.

Dies stellte eine wahre Revolution des Geschmacks und der Zubereitungstechniken dar. Die erste und auffälligste Veränderung betraf ein Charakteristikum der mittelalterlichen Küche, den Einsatz von Gewürzen, die von da an sparsamer und aus unserer heutigen Sicht ausgewogener eingesetzt wurden. Zugleich verwendete man mehr Butter und Kräuter. Fundamental war auch die Trennung von süß und salzig. So wurde Zucker definitiv auf die Zubereitung von Desserts beschränkt und nicht mehr als Gewürz für Saucen gesehen, die gekochtes und gebratenes Fleisch begleiteten. Gerade solche Saucen und Würzen waren im Vergleich zu Beschreibungen früherer Kochbücher leichter und weniger deckend. Auch die Speisenfolge änderte sich; es etablierte sich die Einteilung von der Vorspeise zum Dessert, die wir heute kennen. Selbst die von den Köchen verwendete Fachterminologie wechselte: Das Französische wurde zur internationalen Küchensprache, was sich bis heute nicht geändert hat. Die von den großen italienischen Köchen verfassten Rezeptsammlungen, bis dahin das kulinarische Evangelium in ganz Europa, gerieten bald in Vergessenheit und schimmelten auf Dachböden oder in den Regalen alter Bibliotheken vor sich hin.

Und wie wurde das Ganze in Italien aufgenommen? In diesem gastro-kulturellen Tsunami, der über Europa hinwegfegte, muss doch wenigstens ein Rest Stolz übrig geblieben sein. Gab es irgendeine Reaktion, eine Form von Widerstand gegen die Invasion? Kein Anlass, sich irgendwelchen Illusionen hinzugeben: Was im 17. Jahrhundert in Italien passierte, hat Alessandro Manzoni in seinem Klassiker *Die Verlobten* viel besser beschrieben, als ich es könnte. Man muss nicht genauer auf die berüchtigten Ausbrüche der Pest und das Treiben der Landsknechte eingehen, es reicht festzustellen, dass in Italien damals eine Redensart sprichwörtlich wurde, die gewissermaßen zu einem Charakteristikum der *Italianità* wurde: *Francia o Spagna purché se magna!* Egal, ob Frankreich oder Spanien herrschte, Hauptsache, man hat zu essen. Damals marschierten bereits seit fast zwei Jahrhunderten die Heere aus halb Europa den Stiefel hinauf und hinunter, und die reiche Oberschicht war bereit, sich den fremden Mächten zu verkaufen, um ihre immer begrenztere Macht zu sichern. Jene Höfe, die früher ihren Stil dem ganzen Kontinent aufgedrückt hatten, waren nur noch Schatten ihrer selbst. Es waren nun vielmehr die Reichen Italiens, die französische Moden imitierten, zuerst bei der Kleidung, dann aber selbstverständlich auch bei Tisch.

Das Ansehen und der Ruhm der italienische Küche, in rund vier Jahrhunderten hart erarbeitet, wurden in kürzester Zeit zunichtegemacht, und zwar ausgerechnet von den Italienern selbst. Sogar Erzeugnisse, die im Mittelalter weit verbreitet waren, wie ein Käse, den wir heute Parmesan nennen würden, der damals aber unter der Bezeichnung *Lodigiano* oder *Piacentino* bekannt war, verloren ihren »internationalen«

Charakter und beschränkten sich wieder auf den italienischen Markt. Ebenso verschwanden einige im Mittelalter bekannte und geschätzte italienische Weine zwischen dem 17. und 18. Jahrhundert. Es handelte sich hierbei um hochprozentige Süßweine, die die venezianischen Händler aus Apulien, aber auch aus Griechenland, Kreta, Zypern und Rhodos bezogen, um sie zu mischen und dann auf den nordeuropäischen Märkten zu verkaufen, wo sie besonders beliebt waren.

Kurzum, mit dem 17. Jahrhundert begann für die italienische Küche eine lange Phase im Nebel des Vergessens, aus dem sie sich erst am Ende des 19. Jahrhunderts mühsam wieder herausarbeitete. Das eine oder andere schlecht geschriebene und gemachte Kochbuch versuchte offenbar, alte Bräuche und Rezepte wieder aufleben zu lassen und entpuppte sich doch nur als minderwertige Stilübungen ohne praktischen Nutzen. In Wahrheit hatte die große italienische Küche des Mittelalters und der Renaissance schlicht aufgehört zu existieren. Und angesichts der für sie typischen Aromen und Zubereitungsarten war das letztlich auch kein so großer Verlust. Eine ähnliche Entwicklung vollzog sich auch in der Mode. Den italienischen Eliten reichte es, den Kleidungsstil und die Küche von Versailles nachzuahmen. Nicht zufällig trug das bis Mitte des 19. Jahrhunderts populärste Kochbuch in Italien den Titel *Il cuoco francese* (Der französische Koch). Es erschien erstmals 1682 in Bologna und wurde bis 1826 in vierzehn Auflagen nachgedruckt. Tatsächlich betraf diese gastronomische Kolonisierung durch Frankreich nicht allein Italien, sondern mehr oder weniger ganz Europa von der Iberischen Halbinsel bis zum Ural. Nur wirkte in Italien, das sich einer so beständigen Tradition rühmen konnte, diese Niederlage, dieses recht unwürdige Schwanzeinziehen, viel dramatischer.

Fakt ist: So wie im Mittelalter die Küche der italienischen Aristokratie in ganz Europa bewundert und begehrt wurde, weil die italienische Wirtschaft und Kultur das Leitbild darstellten, so waren die diversen Kleinstaaten, aus denen das italienische Mosaik nun bestand, im europäischen Kontext inzwischen zu vernachlässigende Größen. Dafür, dass das Mittelmeer nicht mehr der Mittelpunkt der Welt war, zahlte die italienische Wirtschaft den höchsten Preis. Die berühmte »Grand Tour«, die zwischen dem 17. und 19. Jahrhundert sämtliche Sprösslinge der europäischen Aristokratie absolvieren mussten und die ausnahmslos in Italien beendet wurde, diente dazu, die antike Pracht und die letzten Überbleibsel der antiken Kultur kennenzulernen, aber sicher nicht die Lebensumstände von Menschen, die man als mindestens rückständig, wenn nicht gar als »Wilde« betrachtete. In den Reisenotizen der jungen und reichen Reisenden finden sich Klagen über das italienische Essen sogar recht häufig – es galt definitiv nicht als besonders raffiniert und geeignet für verwöhnte Gaumen.

Die armen Italiener aßen dagegen weiter das, was sie bekamen, und – vor allem auf dem Land – das, was in ihrem begrenzten Radius erzeugt wurde. Doch da die Umstände sich insgesamt weiter verschlechtert hatten, machte auch die Küche der breiten Bevölkerung nochmals Rückschritte. Als man den Mais mit seinen vor allem im Vergleich zum Weizen deutlich besseren Erträgen (und damit niedrigerem Preis) einführte, war zumindest in der Po-Ebene das Hungerproblem weitgehend gelöst. Doch die breite Verfügbarkeit dieses Getreides führte dazu, dass immer größere Massen von Verzweifelten sich völlig einseitig ernährten, was ein neues Problem schuf: eine Mangelerkrankung namens Pellagra, an der um die Mitte des 19. Jahrhunderts etwa ein Drittel der venezianischen Landbevölkerung litt. Es handelte sich eindeutig um eine sozioökonomisch begründete Erkrankung, auch wenn sowohl vor als auch nach der Einigung Italiens alle damaligen Regierungen, die vor allem die Interessen der Grundbesitzenden vertraten, das bestritten. Viel lieber verbreiteten sie die für sie bequeme Theorie Cesare Lombrosos, der zufolge die Ursache für Pellagra nicht die monotone Maiskost, sondern die falsche Lagerung des Getreides war, wodurch angeblich Giftstoffe entstünden.

Und was passierte in der langen Zeit des Vergessens mit Ravioli, Lasagne und Pasteten? Schwer zu sagen, da sich die französische Vorherrschaft nicht nur auf den Tischen, sondern auch in den Quellen und Rezeptsammlungen manifestierte. Kochbücher, die etwas anderes enthielten als die jenseits der Alpen geschätzten Zubereitungen, wurden ab dem 18. Jahrhundert praktisch nicht mehr veröffentlicht. Natürlich erschienen auch im 18. und 19. Jahrhundert da und dort noch ein paar Kochbücher von lokaler Bedeutung, aber um es klar zu sagen, sie waren anspruchslos, mehr oder weniger unlesbar und abgesehen davon auch ohne praktischen Wert.

In diesen zwei Jahrhunderten klafft gewissermaßen eine Lücke in den schriftlichen Zeugnissen zur italienischen Küche. Einige Rezepte überlebten in häuslichen Sammlungen oder den Werken örtlicher Gelehrter; ein hauchdünner roter Faden, mit der Zeit immer schwerer nachzuverfolgen, verband diese anspruchslose Literatursammlung mit dem Stil und den Elementen der alten Renaissance-Küche, aber man darf nicht annehmen, dass die breite Bevölkerung die in solchen Texten beschriebenen, an den alten Prunk des Mittelalters und der Renaissance erinnernden Gerichte bewahrte. Wie ich nicht müde werde zu betonen, hatten das urbane Proletariat oder die ausgehungerte Landbevölkerung von derartigen Speisen immer nur geträumt, oder – wie die in der Einleitung erwähnten Bologneser im Jahr 1487 – sie vielleicht gesehen, als sie durch die Straßen getragen wurden.

Anderes gilt für zwei Klassiker der italienischen Küche: Nudeln und Pizza. Wenn aber bitte schön von Klassikern die Rede ist, bezieht sich das auf das Heute – im 18. und 19. Jahrhundert bekam man sie normalerweise nur in einigen wenigen süditalienischen Städten, und zwar vor allem als »Streetfood«. In Mittel- und Norditalien waren Nudeln schon beinahe etwas Exotisches, das nur selten und dann ausschließlich als Einlage in Brühe gegessen wurde. Pizza wiederum war (und ist) ein Gericht, das man im gesamten Mittelmeerraum essen konnte (und kann), wenn auch in unterschiedlichen Formen. Die Bezeichnung für belegten und/oder gewürzten, im Ofen gebackenen Brotteig ist in den verschiedenen mediterranen Sprachen die gleiche: *pizza*, *pita*, *pitta*, *pida*, *piada* … klar, was ich meine. Auf jeden Fall ist die runde Teigscheibe mit etwas obendrauf, damit es nach mehr schmeckt, keine italienische oder neapolitanische Besonderheit. Sie wird es in der kollektiven Fantasie erst an der Wende vom 19. zum 20. Jahrhundert, und zwar als Kollateralschaden der kollektiven italienischen Emigration in die ganze Welt, insbesondere nach Nordamerika. Darauf komme ich gleich noch zurück.

Anhand der Pasta lassen sich zugleich noch weitere Aspekte dieser Phase italienischer Kulinarik klären. Aspekte, die heute paradox erscheinen und wiederum belegen, wie die vermeintliche Identität einer italienischen Küche, sollte sie je existiert haben, zwischen dem 18. und 19. Jahrhundert komplett verloren ging. Ein Beispiel: Bei einem der in der ersten Hälfte des 19. Jahrhunderts beliebtesten Kochbücher, *Il cuoco piemontese perfezionato a Parigi* (Der in Paris vervollkommnete piemontesische Koch), handelte es sich im Wesentlichen um eine wörtliche Übersetzung aus dem Französischen. Von 862 Rezepten sind nur 18 den *primi piatti* gewidmet, zu denen Pastagerichte heute gezählt werden. Kurios daran ist, dass die Zuordnung der Nudeln zur italienischen Tradition vom ursprünglichen französischen Text herrühren und der anonyme piemontesische Übersetzer Schwierigkeiten hatte, sich diese angebliche Spezialität zu eigen zu machen, die ihm wenig glaubwürdig erschien, vor allem bezogen auf den Norden Italiens. Die Vermicelli und Maccheroni, die man eine halbe Stunde in Brühe gekocht hatte, sollten laut Anweisungen dieses besonderen franko-piemontesischen Buchs »in einer Wanne« aufgetragen werden. Damit nicht genug. Auch in folgenden Kochbüchern, selten ursprünglich von italienischen Autoren verfasst, bleiben die *primi piatti* im Vergleich zu den restlichen Rezepten in der Minderheit; außerdem ist eine Neigung festzustellen, Maccheroni und Lasagne als Füllung für Braten und Pasteten zu verwenden statt als eigenständige Gerichte. Ganz selten werden schließlich getrocknete Nudeln erwähnt, die es ganz offensichtlich alles andere als leicht hatten, über die Grenzen des Königreichs Neapel hinauszugelangen.

Seine Majestät Pellegrino Artusi und die Italiener Amerikas

Damit sind wir am Vorabend der lang ersehnten Einheit Italiens angelangt. Am 17. März 1861 wird das Königreich Italien proklamiert, und zum bisher Gesagten passt sehr gut, dass der erste König nur Zweiter seines Namens ist: Genau, Vittorio Emmanuele II. – als müsste man allseits deutlich machen, dass vom Aufbau eines neuen Staates gar keine Rede sein kann. Auch bei Tisch muss noch bis ins nächste Jahrhundert gewartet werden, bis die Menükarten des Hauses Savoyen auf Italienisch und nicht mehr auf Französisch abgefasst werden. Ohne Giuseppe Tomasi di Lampedusas Roman *Der Leopard* bemühen zu müssen, stellte die Proklamation des Königreichs in keinerlei Hinsicht einen Bruch dar, auch nicht in kulinarischer. Die Reichen und die Armen, die Stadtbevölkerung und die Landbevölkerung, sie alle aßen das Gleiche, was sie schon am 16. März gegessen hatten. Eine italienische Küche existierte weiterhin nicht, und die vermeintlichen regionalen Unterschiede waren nach wie vor weniger ausgeprägt, als sie es heute sind.

Es gab auch nicht wirklich unterschiedliche Regionen, bestenfalls lässt sich von homogenen Räumen sprechen, bezogen auf die Gesamtheit der Gebiete, die zuvor den unterschiedlichen Staaten angehört hatten. Zwar lassen sich einige lokale Besonderheiten bei der Verwendungen von Nahrungsmitteln festmachen, beschränkt auf ein einziges urbanes Zentrum oder eine bestimmte ländliche Gemeinde. Aber bezogen auf das Italien des Jahrs 1861 von Regionen zu sprechen, wäre schon sehr mutig. Mir fehlt dieser Mut, weswegen ich hiermit verspreche, das Wort Regionalküche überhaupt erst ab 1970 in den Mund zu nehmen, also dem Jahr, in dem die Regionen als Gebietskörperschaften gegründet werden und in der Folge einige gefeierte Gastronomieexperten die Regionalküche erfinden.

Aber kehren wir noch einmal ins Jahr 1861 zurück. Wie bereits erwähnt, ist die Französisierung der europäischen Küche zu diesem Zeitpunkt sehr weit fortgeschritten, auch wenn nun einige Länder auf diese Vereinheitlichung zu reagieren schienen. England und Deutschland, die sich der kulturellen Hegemonie Frankreichs in allen möglichen Bereichen widersetzen, taten es auch in der Küche. Ganz offensichtlich war die deutsche Reaktion auf die sich stetig verschärfende ökonomische und geopolitische Konfrontation zurückzuführen. Unnötig darauf hinzuweisen, dass das deutsche Reich erst 1871 ausgerufen wurde, nachdem Preußen Frankreich bei Sedan besiegt hatte. Ebenso wenig konnte natürlich England, das sich damals (im Großen und Ganzen zu Recht) als das fortschrittlichste Land der Welt verstand, die Invasion der französischen Kultur, und sei es nur im kulinarischen Bereich, einfach demütig hinnehmen.

Ganz oder zumindest weitgehend anders lief es in Italien. Den Proklamationen und der nationalistischen Rhetorik des Risorgimento zum Trotz begann das Königreich Italien schwach, und seine Regierenden schätzten es womöglich noch schwächer ein, als es tatsächlich war. Die herrschende Klasse, die die Vereinigung herbeigeführt hatte, schrieb dem Land die Rolle eines den anderen europäischen Ländern strukturell unterlegenen Exporteurs von Rohstoffen zu, und diese Unterordnung spiegelte sich nicht nur in politischen, sondern auch in kulturellen Belangen. Laut den Vorstellungen der liberalen Rechten konnte ein Fortschritt in Italien nur durch die sklavische Imitation Englands oder Frankreichs erzielt werden, nicht jedoch durch die Betonung der Eigenschaften, die letztlich zu jener Rückständigkeit und Auszehrung geführt hatten, die nur diejenigen ignorieren konnten, die es wollten.

Und so gingen die ersten Jahre nach der Vereinigung dahin, ohne dass sich auf kulinarischem Gebiet etwas Entscheidendes tat. Der grundbesitzende Adel imitierte weiter die französischen Sitten, darin noch bestärkt durch die traditionelle Frankophilie des Hauses Savoyen. Dagegen wurde die Landbevölkerung nach einer kurzfristigen Verbesserung ihrer Lebensumstände bald von einer unausgewogenen Fiskalpolitik gebeutelt, die sich vor allem auf die Grundnahrungsmittel auswirkte (beispielsweise in Form der berüchtigten Mehlsteuer von 1868), und kurz darauf auch von einer Agrarkrise, die seit den 1870er-Jahren sämtliche europäische Staaten erfasste.

Die wenigen Kochbücher, die in den ersten zwanzig Jahren nach der Einheit veröffentlicht wurden, zeigen ganz klar »die Übermacht der französischen Gastronomie und Önologie« (Agnese Portincasa), wenngleich Rezepte mit nachweisbar lokalem Ursprung nicht fehlen, die auch in den Folgejahrzehnten präsent sind: *Risotto alla milanese, Cappelletti* (gefüllte Nudeln) *alla bolognese, Triglie* (Kutteln) *alla livornese, Pandolce* (Hefekuchen mit Trockenfrüchten) *alla genovese, Pizza alla napoletana* etc. In einigen Fällen jedoch erscheinen diese geografischen Zuschreibungen eindeutig künstlich oder zumindest eher auf Vermutung beruhend: *Uova* (Eier) *alla livornese, Braciole* (Koteletts) *alla veronese, Tordi* (Drosseln) *alla milanese* usw. Mit anderen Worten: In diesen ersten Jahren des enthusiastischen Nationalismus unternehmen offenbar bereits einige Köchinnen und Köche sowie kochinteressierte Gelehrte die ersten schüchternen Versuche, eine nationale Küche zu etablieren, zu kodifizieren und auch schlichtweg zu erfinden, doch augenscheinlich ohne sich anzumaßen, sie der unerreichbaren französischen Küche entgegenzustellen. Es könnte sich um den geradezu rührenden Versuch handeln, der Bevölkerung vor Augen zu führen, dass Italien existiert und das Recht auf einen wenn auch bescheidenen Platz an den Tafeln der Welt hat. Das ändert freilich nichts an der Tatsache, dass ein reicher Italiener, der gut essen wollte, französisch aß und bestimmt nicht *alla lucchese* oder *alla napoletana.*

Und in die reglose Oberfläche dieses Gewässers plumpst irgendwann wie ein Monolith aus Stonehenge die unwahrscheinlichste und unprofessionellste Figur, die man sich vorstellen kann: Pellegrino Artusi aus Forlimpopoli. Unnötig, hier im Detail das Leben und die Charakterzüge dieses exzentrischen Protagonisten der kulinarischen Geschichte Italiens nachzuerzählen. Halten wir uns an sein Werk, *La Scienza in cucina e l'arte di mangiare bene (Von der Wissenschaft des Kochens und der Kunst des Genießens),* erstmals 1891 in Florenz erschienen (als der Autor bereits 71 Jahre alt war) und bis 1911 (Artusis Todesjahr) in fünfzehn weiteren Auflagen kontinuierlich erweitert und korrigiert. Über dieses Buch ist bereits viel geschrieben worden. Bei der Erforschung der Ernährungsgeschichte wurde es jahrzehntelang ignoriert, bis dank der 1970 beim Verlag Einaudi erschienenen kritischen Edition von Piero Camporesi langsam klar wurde, welche Rolle dieses Buch in der Entwicklung des eigenartigen Konstrukts namens italienische Küche spielte. Camporesi, und nicht er allein, betont: »*La Scienza in cucina* hat für die nationale Einheit mehr getan als *Die Verlobten* [...] Mit seinen Geschmackselementen ist es Artusi gelungen, da einen Kodex nationaler Identifikation zu erschaffen, wo die Stil- und Klangelemente eines Manzoni scheiterten.« Nur en passant möchte ich darauf hinweisen, dass das Interesse an diesem Kochbuchklassiker ausgerechnet zu Beginn der 1970er-Jahre wiedererwachte – in dieser Zeit landet man immer wieder, aber auch darauf komme ich noch zurück.

Nach der gebührlichen Würdigung des großen Pellegrino wenden wir uns seinem Buch und der Vorstellung von Küche zu, die diesem zugrunde liegt. Letzteres ist bereits relativ schwierig, da keinesfalls sicher ist, dass Artusi tatsächlich eine genauere Vorstellung von Küche hatte oder sich ihrer zumindest bewusst war. Aber der Reihe nach: Artusi war weder Koch noch Hobbyküchenhistoriker. Wie andere vor mir bereits betont haben, kannte er sich in der Geschichte der italienischen Küche so wenig aus, dass Enrico Boni, Ehemann der berühmten Kochbuchautorin Ada Boni, sich entrüstete, *La Scienza in cucina* sei »das humoristische Meisterwerk kulinarischer Inkompetenz«. Doch gerade das, was Fachleute der Kulinarik und Wächter der (französischen) Tradition die Nase rümpfen ließ, war Grundstein seines Erfolgs. Denn Artusi richtete sich im Kern an das gesamte alte und neue städtische Bürgertum in allen seinen Ausprägungen und mit allen seinen unterschiedlichen finanziellen Möglichkeiten. Er hatte ein praktisches Handbuch für all jene geschrieben, die eben nicht professionell kochten, bis dahin höchstwahrscheinlich noch nie ein Kochbuch gelesen hatten und sich im Grunde um Traditionen und Küchenliteraturgeschichte nicht scherten. An bestimmten Stellen des Buchs scheint der Autor geradezu Gefallen daran zu finden, seine theoretische Unkenntnis herauszustellen, allerdings gepaart mit praktischer Disziplin. Sein Vorgehen war sowohl in kultureller als auch in kommerzieller Hinsicht so intelligent – und darin besteht das Artusi-Paradox –, dass es weder von seinen Gegnern noch von seinen Anhängern verstanden wurde. Bleibt festzuhalten, dass seine Rolle bei der Etablierung eines italienischen Geschmacks durch absolut nichts zu ersetzen war.

Das Resultat dieser strukturellen Konkretheit war ein unsystematisches Kochbuch, sozusagen ein *work in progress*, wie die nächsten zwanzig Jahre zeigen sollten, bei dem die Leserinnen und Leser das gleiche Recht wie der Autor hatten, Rezepte vorzuschlagen und die bereits publizierten zu korrigieren. Was heute als erster Abriss der italienischen Küche gilt, entstand dilettantisch, ohne konkretes Ziel und ohne realen oder intendierten Bezug zur vorausgehenden Tradition. Man darf auch nicht glauben, Artusi habe die verschiedenen lokalen Essgewohnheiten aus dem Effeff gekannt; er begnügte sich vielmehr damit, ihm bekannte oder von seinem Publikum vorgeschlagene Rezepte in sein Buch aufzunehmen, wenn sie ihm besonders geeignet und auch von einer nicht professionellen Köchin zu realisieren schienen. Er hatte weder systematische noch nationalistische Absichten, vielmehr zeigt sich in seinem Buch die für einen etwas provinziellen Geschmack typische Freude an ausländischen Gerichten. Allerdings lässt sich in den Rezepten insofern ein gewisser Nationalstolz erkennen, als sie der für die französische Küche typischen Raffinesse und Üppigkeit einen schlichteren Geschmack und einfachere Zubereitungsmethoden entgegenstellten. Der Autor bringt allen europäischen Küchen, die mit zahlreichen Rezepten vertreten sind, Respekt und Beachtung entgegen – mit Ausnahme ausgerechnet der renommiertesten, nämlich der französischen. Fast hat man den Eindruck, Artusi hätte in vorauseilendem Gehorsam einer gewissen faschistischen Rhetorik entsprechen und die Rolle des bedeutenden Agrarstaats für Italien zurückerobern wollen, das als einfaches und genügsames Land den Gegenpol zu den Industriemächten darstellt, die mit ihrer Opulenz und beginnenden Konsumorientierung die Welt eroberten. Während eine solche Rolle in ökonomischer und politischer Hinsicht vor allem gegenüber Deutschland und Großbritannien behauptet werden musste, konnte sie in der Küche natürlich nur in Konfrontation mit der herrschenden kulinarischen Weltmacht, nämlich Frankreich, bestehen.

Tatsache ist jedenfalls, dass ein von einem Dilettanten zusammengeschustertes Buch zu einem Meilenstein in der Geschichte der italienischen Küche wurde, die man seither in ein Vor- und ein Nach-

Artusi einteilen kann. *La Scienza in cucina* dokumentierte die sich gerade vollziehenden Veränderungen und war durch den Verkaufserfolg zugleich in der Lage, auf diese Veränderungen einen gewissen Einfluss zu nehmen. Die italienischen Familien, zumindest wenn sie ökonomisch halbwegs abgesichert waren, nutzten das Buch, um Abwechslung in ihre heimische Küche zu bringen. Und so ist es kein Zufall, dass die »Hausmannskost« zum wahren Fundament der italienischen Küche wird, wenngleich gerade ihre Schlichtheit in der zweiten Hälfte des 20. Jahrhunderts eines der Haupthindernisse für ihre internationale Anerkennung darstellte, vor allem gegenüber der französischen Küche, die im Gegensatz dazu aus der Gastronomie und dem Wirken von Fachleuten entstanden ist.

Wo wir schon dabei sind, werfen wir noch einen Blick auf die Gliederung von *La Scienza in cucina.* In der letzten Ausgabe von 1911 enthielt das Buch 790 Rezepte (in der Erstausgabe von 1891 waren es erst 475), eingeteilt in 22 Abschnitte. Eine wichtige Besonderheit muss betont werden: Es handelte sich um das erste Kochbuch, in dem mit Saucen servierten Nudeln das gleiche Gewicht zugemessen wurde wie Brühen mit Nudeln als Einlage, mit 53 zu 48 waren Erstere zahlenmäßig Letzteren sogar überlegen. Diese geradezu kopernikanische Wende beruht zum Teil auf dem hartnäckigen Bestreben des Autors, sein Werk von der erdrückenden Präsenz des französischen Kochstils und Geschmacks zu befreien. Im Gegensatz dazu schenkt Artusi der deutschen und insbesondere englischen Küche durchaus eine gewisse Beachtung, was im Licht der heutigen Situation als überraschend bezeichnet werden darf. Natürlich beruht dies zum Teil auf den Erfahrungen des jungen Artusi, der als Handlungsreisender verschiedene europäische Länder kennengelernt hatte, vor allem aber auf einem Gefühl der Unterordnung des bürgerlichen italienischen Unternehmertums unter die ökonomische und industrielle Macht Englands.

Was die lokalen Rezepte betrifft, also solche mit expliziter geografischer Herkunftsbezeichnung im Namen, ist Artusis Auswahl eng verknüpft mit seinen Lebensumständen: geboren in Forlimpopoli (Emilia-Romagna), verbrachte er große Teile seines Lebens in Florenz (Toskana). Daher herrschen Rezepte aus diesen beiden Regionen vor. »Gastro-Toponyme«, also konkrete Bezüge auf bestimmte Orte oder Gegenden *(Lasagne alla bolognese, Gnocchi alla romana, Triglie alla livornese)* kommen insgesamt 75 Mal vor – von insgesamt 790 Rezepten sind das nur knapp zehn Prozent. Darüber hinaus ist auch die Verteilung auf das gesamte Staatsgebiet sehr unausgewogen. Zählt man die Toskana zu Nord- und Mittelitalien, stammen 60 der 75 Rezepte aus diesem Gebiet und nur 15 aus den Regionen südlich von Rom. Ein Primat der sogenannten mediterranen Küche war da also noch lange nicht abzusehen.

Doch auch die vermutete regionale Gliederung der italienischen Küche entsteht offenbar in dieser Phase noch nicht. Besonders interessant ist dabei, dass Artusis Erfolg nicht an den Landesgrenzen endet – einen bedeutenden Absatzmarkt für *La Scienza in cucina* stellen die vielen Emigrantengemeinden dar, insbesondere in Nordamerika. Sein Buch wird auf der anderen Seite des Atlantiks viel früher als Gründungstext der italienischen Küche wahrgenommen als in Italien selbst. Während es die italienischen Hausfrauen schon immer als praktisches Handbuch ohne kulturelle oder identitätsstiftende Ambitionen nutzten, wurde es in Amerika praktisch über Nacht zu einem Symbol der kulturellen Abgrenzung. Die ständig wachsenden italienischen Communitys, die in den Zielländern wenig wertgeschätzt wurden, fanden in der Küche ein Element des Zusammenhalts und im Artusi ihren gemeinsamen Kanon. Dass Vereine von Ausgewanderten und die Società Dante Alighieri, deren Ziel die Bewahrung des Gebrauchs der italienischen Sprache durch die Emigrierten war, Hunderte Exemplare des Kochbuchs kauften, beweist seine Funktion als Mittel der Alphabetisierung und kulturellen Selbstbestätigung: Indem man die italienische Sprache lernte, schuf man sich zugleich eine kulinarische Identität, die so noch gar nicht existiert hatte. Oder umgekehrt: Indem man eine Küche erfand, bewahrte man die Sprache. Wo ist da letztlich der Unterschied?

Die wahren Protagonistinnen und Protagonisten der kulinarischen Wiedergeburt Italiens sind somit sie: die Italo-Amerikaner, aber auch die Amerikaner selbst. Und das ist nichts Neues: Wie verschiedene Ernährungshistoriker, wenn auch widerwillig, anerkennen mussten, stammt ein nicht unerheblicher Teil der italienischen Küche aus Amerika, und sie besäße ohne diesen Exodus von fünfzehn Millionen Menschen heute nicht eine solche Reputation. In der Tat muss man zum Stichwort Reputation noch ergänzen, dass mindestens bis zum Ersten Weltkrieg das, was Italiener in Amerika aßen, von den Einheimischen nicht sonderlich geschätzt wurde. Ich würde sogar sagen, im Gegenteil. Es war der Große Krieg, der dieses unzuverlässige und rückständige Land, aus dem die Habenichtse und Lumpen in die Welt strömten, in ein heroisches Bollwerk der Demokratie im Kampf gegen den Autoritarismus der Mittelmächte verwandelte. Und damit schwand auch die Verachtung für das, was diese Leute so aßen.

Was aber aßen die Ausgewanderten in Amerika? Beziehungsweise wer waren sie überhaupt? Bekannt ist, dass sie zwischen 1875 und 1915 in zwei Etappen auf den amerikanischen Kontinent gelangten: In der ersten, etwa von 1875 bis 1900 wanderten vor allem Menschen aus Venetien, Friaul und der Lombardei aus; ihr Hauptziel war Südamerika. In der zweiten Etappe von 1901 bis 1915 wuchs die Zahl der Emigranten aus Süditalien, die es vor allem nach Nordamerika zog. Das ist selbstverständlich grob vereinfacht, denn auch viele Menschen aus Venetien landeten in Nordamerika und viele aus Sizilien in Südamerika. Abgesehen davon überstieg die Summe der Emigranten aus Norditalien mit 4.600.000 Personen die aus dem Süden mit 4.100.000 Personen. Über den Daumen gepeilt lässt sich sagen, dass etwa sechzig Prozent der italienischen Emigranten aus dem Norden und vierzig Prozent aus dem Süden kamen.

Also noch einmal: sechzig Prozent der Italiener in Amerika kamen aus den nördlichen Regionen, insbesondere aus dem Veneto und Friaul. Wie schon erwähnt, litt ein Drittel von ihnen an Pellagra, da sie in ihrem Leben nie etwas anderes als Polenta gegessen hatten. Öl? Nudeln? Tomaten? Soll das ein Witz sein? Man braucht auch nicht zu glauben, dass sich daran etwas geändert hätte, als diejenigen nachkamen, die von ihren Landsleuten aus dem Norden als *terroni*, Erdfresser, bezeichnet wurden, denn auch bei den Süditalienern handelte es sich um bettelarme Menschen. Man muss es so deutlich sagen: Wer im eigenen Land Pasta und Pizza zu essen bekam, hatte keinen Grund, nach Amerika zu gehen. Doch dann geschah etwas Außergewöhnliches, was auf die spezifischen Lebensbedingungen in den italienischen Gemeinschaften in Amerika, speziell in den vielen Little Italys der Großstädte, zurückzuführen war: In diesen Gruppen entstand ein Schmelztiegel des

Italienischen, der sich der verbesserten wirtschaftlichen Lage der ehemaligen notleidenden Bauern und der Verfügbarkeit von Produkten verdankte, die es in ihren Ursprungsregionen entweder nicht gab oder die sich dort nur wenige leisten konnten. Die italienische Küche in Amerika entstand einerseits aus den Lebensmitteln, von denen die Ausgewanderten bis dahin nur hatten träumen können, andererseits aus der Fusion regionaler Essgewohnheiten, die in der Heimat nie zusammengetroffen wären, und schließlich noch einigen typischen Elementen der Küche des Gastlandes. Und so entdeckten die Italiener in Südamerika das Fleisch, in Nordamerika Eier, Milch und Käse. Die Landbevölkerung Süditaliens wurde erst in Amerika zu Nudelessern. Wie Vito Teti betont, stellte die Überquerung des Atlantiks auch einen fundamentalen Bruch mit den Ernährungsgewohnheiten dar.

Dieser Bruch ereignete sich in Amerika, doch viele kehrten später nach Italien zurück, oder sie schrieben Briefe, in denen sie berichteten, wie es ihnen erging. Vielleicht übertrieben sie dabei ein wenig, was ihr Leben und ihr Essen betraf, aber vor allem schickten sie Geld. So entstand die neue Klasse der *americani,* die in die nord- und süditalienischen Dörfer Geld, neue Produkte und eine neue Mentalität mitbrachten, auch was die Essgewohnheiten betraf. Unnötig zu betonen, dass die herrschende Klasse den Wandel bestimmter Bräuche nicht gerne sah.

Die Emigration wurde durchaus begrüßt, aber dann sollten diese Leute bitte schön nicht auf die Idee kommen, die natürliche Ordnung der Dinge auf den Kopf zu stellen.

Um ein für alle Mal festzuhalten, dass der Nudelkonsum der nach Amerika emigrierten Süditaliener nicht ihren bisherigen Ernährungsgewohnheiten entsprach, sei eine Passage aus Francesco Perris berühmtem Roman *Emigranti* (1928) zitiert:

> Was hatte ich hier gelassen? Elend! Und doch hatte ich diese hässlichen schmutzigen Straßen, diese Häuser und Gärten immer vor Augen. Ich aß Nudeln und trank Bier und dachte zugleich an den Laden von Porzia Papandrea.

Der junge Emigrant aus Kalabrien isst in Amerika die Nudeln, von denen er zu Hause immer geträumt hat, und trinkt dazu Bier, das ebenfalls im Gegensatz zur allgemeinen Auffassung bereits zu Beginn des 20. Jahrhunderts Eingang in die italienischen Ernährungsgewohnheiten gefunden hat.

Letztlich wurde die italienische Küche in Amerika ebenso geprägt wie im heimischen Bürgertum, das Artusi las und nie nach Amerika auszuwandern brauchte. Es lässt sich schwer sagen, auf welcher Seite des Atlantiks der beständige Dialog seinen Anfang nahm, aus dem diese ganz spezielle Mischung entstand. So waren die neapolitanischen Maccheroni

(Spaghetti) praktisch ein Synonym für Streetfood, das man nahezu ausschließlich mit den Fingern und ohne Sauce aß. Zu einem bestimmten Zeitpunkt an der Wende vom 19. zum 20. Jahrhundert kam dann die Tomatensauce dazu, und man nahm das Gericht auch am häuslichen Tisch zu sich. Schwer vorstellbar, dass diese neuen Gewohnheiten ausschließlich auf einer inneren Entwicklung beruhten; wahrscheinlicher gelang den Nudeln der soziale Befreiungsschlag in Amerika, was sich dann auf das Ursprungsland übertrug, oder wie der kalabrische Historiker Vito Teti festhält: »Die Bevölkerung Süditaliens wird ganz konkret mit der Emigration und in Amerika dauerhaft zu Nudelessern.« Das Gleiche lässt sich über die Pizza sagen, die in Neapel ebenfalls ein typisches Streetfood war, lange bevor dieser Begriff erfunden wurde. Zwar existierten in der Hauptstadt Kampaniens bereits ab Mitte des 19. Jahrhunderts einige (wenige) Pizzerien mit Tischen, bei denen es sich vermutlich um Trattorien handelte, in denen man auch Pizza bekam, eigentlich jedoch wurde diese Spezialität fast immer auf der Straße verzehrt. Das erste Lokal, in dem ausschließlich Pizza zubereitet und gegessen wurde, entstand dagegen 1911 in New York.

Abgesehen davon kauften die italienischen Emigranten Artusis Kochbuch in großen Stückzahlen und erwarben daraus den größten Teil ihrer kulinarischen Kompetenz, die so auch ihren Weg in die italienischen Restaurants in aller Welt fand. Wobei selbstverständlich die jeweils verfügbaren Zutaten verwendet wurden. Auch die italoamerikanischen Traditionsgerichte, die es in Italien nur an Festtagen gab und die theoretisch im neuen, wohlhabenden Umfeld zu Alltagsgerichten hätten werden können, verwandelten sich fast immer in komplett neue Kreationen: Die ehemalige Landbevölkerung kannte sie wenn überhaupt vom Hörensagen, und nun, als sie für sie erschwinglich wurden, wussten sie gar nicht so genau, wie man sie zubereitete. Man versuchte es also aus dem Gedächtnis oder vertraute auf den allgegenwärtigen Artusi. Das Ergebnis war eine neue Küche, die zur Grundlage dessen wurde, was wir heute als italienische Küche bezeichnen. Und die ist, wie bereits gesagt, ebenso ein amerikanisches wie ein italienisches Produkt.

Die Küche entwickelte sich also für Italienerinnen und Italiener weltweit zum Mittel der Distinktion, der Integration, der Befreiung und ab einem bestimmten Zeitpunkt auch zum Geschäftsmodell. Der letztgenannte Aspekt wurde aber wie bereits erwähnt erst nach dem Ersten Weltkrieg relevant. Und doch schuf die starke italienische Präsenz in Amerika die Basis für die spätere kulinarische Legende Italiens. Bestimmte Gerichte wie beispielsweise die Pizza wurden nicht deshalb zum Inbegriff der italienischen Küche, weil sie es per se waren, sondern weil die Italiener viel zahlreicher in alle Welt geströmt waren als Menschen aus Griechenland, Spanien oder der Türkei, die mit gutem Recht ähnliche kulinarische Traditionen hätten geltend machen können.

Vom Faschismus zum Wirtschaftswunder

An der Wende vom 19. zum 20. Jahrhundert gerät einiges in Bewegung, so lässt sich das Bisherige zusammenfassen. Dank des industriellen Aufschwungs in der Ära Giolitti wachsen im expandierenden städtischen Bürgertum die Konsumbedürfnisse, auch was das Essen betrifft, und dem trägt Artusis Kochbuch Rechnung. Emigration und wirtschaftliche Entwicklung ermöglichen auch vielen bäuerlichen Familien einen höheren Lebensstandard und die Bekanntschaft mit vielfältigen Nahrungsmitteln. Die sich entfaltende amerikanische Konsumgesellschaft beeinflusst die Ernährungsgewohnheiten der früher notleidenden Bevölkerungsschichten in beachtlichem Ausmaß, und schließlich verschafft der Erste Weltkrieg nicht nur Italien eine neue Rolle in der internationalen Staatengemeinschaft, sondern hilft auch Vorurteile gegenüber den Italienern abzubauen, die angesichts des Entwicklungsniveaus des Landes nicht immer ungerechtfertigt waren.

Vor diesem Hintergrund entsteht der Faschismus – aber keine Sorge, ich habe nicht vor, hier einen Abriss seiner Ursprünge und der Krise des liberalen

Staatswesens abzuliefern. Setzen wir das als gegeben voraus, nachdem ich bereits so ausführlich auf die historischen Ursachen meiner kulinarischen Thematik eingegangen bin. Die ökonomische Situation, speziell hinsichtlich des Konsums, war im Abschnitt von 1918 bis 1945 außerordentlich vielfältig und komplex. Die Kriegswirtschaft und die Nachkriegskrise bedeuteten für den Lebensstandard und die Ernährung der Bevölkerung einen deutlichen Rückschritt, von dem sich das Land allerdings schnell erholte. Italien gelang es, sich an den internationalen wirtschaftlichen Aufschwung der 1920er-Jahre anzuhängen, was die Arbeitslosigkeit praktisch beseitigte, wenngleich das Pro-Kopf-Einkommen noch immer weniger als halb so hoch war wie in Großbritannien oder den USA. Die Krise des Jahres 1929 und die darauf folgende Große Depression stellten einen weiteren Rückschritt dar, und der Kriegseintritt 1940 zwang Italien definitiv in die Knie. Die desaströsen fünf Kriegsjahre sorgten dafür, dass Italien den Albtraum des Hungers, den man seit mindestens einem halben Jahrhundert überwunden glaubte, erneut durchlitt.

So viel zur Entwicklung des Konsums in quantitativer Sicht, doch was passierte qualitativ zwischen den beiden Weltkriegen? In der Realität wenig bis nichts, in Sachen Thematisierung und Erfindung einer kulinarischen Tradition dagegen einiges beziehungsweise richtig viel. Die faschistische Propaganda zielte von Anfang an auf eine Gleichsetzung der Gegenwart mit der mehr oder weniger ruhmreichen Vergangenheit der italienischen Regionen und insbesondere der Pracht der römischen Antike. Dafür ließ sich alles Mögliche recyceln, und jeder Verweis auf eine Vergangenheit, der als Beleg für die italienische Überlegenheit dienen konnte, wurde bejubelt und überhöht. So gesehen verdankte Italien die wichtige Rolle, die ihm im Ersten Weltkrieg zugewachsen war, keinesfalls nur den Opfern und Anstrengungen der italienischen Bevölkerung, sondern selbstverständlich ebenso der jahrtausendealten Geschichte, die Julius Cäsar mit Benito Mussolini verband.

Auch der industrielle Fortschritt des Landes ging einher mit der Betonung der traditionellen Werte einer ländlichen Gesellschaft, die offensichtlich nicht mehr die vom Ende des 19. Jahrhunderts sein konnte, als der Hunger viele Landeskinder in die Emigration nach Amerika zwang, sondern eine neue, wirtschaftlich etwas besser aufgestellte mit neuen kulinarischen Traditionen, die es zu verteidigen und zu stärken galt. Hinsichtlich der italienischen Küche könnte man die Ära Giolitti pädagogisch ausgedrückt als Assimilation oder Integration des Neuen und die zwanzig Jahre Faschismus als Akkomodation oder Anpassung an die neuen Umstände bezeichnen. Man versuchte, mit immer repressiveren Methoden einen Konsens über Ideen und Werte herzustellen, die sich ausdrücklich auf die landwirtschaftliche Tradition bezogen, und das führte dazu, dass bestimmte Gerichte oder Nahrungsmittel zu Symbolen der ganzen Nation stilisiert wurden. Wein, Käse, Nudeln oder Brot wurden mehr und mehr zu materiellen Ausdrucksformen einer Kultur, die sich als modern und traditionell zugleich verstand. Und so explodierte die Zahl der Genossenschaften, Feste, Messen und Zusammenkünfte rund um spezielle Erzeugnisse, auf denen sich auch eine spezielle Gemeinschaft gründen sollte.

Das alles war durchaus hübsch und stimmungsvoll gestaltet, das lässt sich gar nicht bestreiten. Wären da nicht überall diese lästigen Schwarzhemden gewesen, ließen sich diese kulturellen Aktivitäten gar nicht so leicht von denen unterscheiden, die unsere heutigen örtlichen Verwaltungen oder Bürgervereinigungen organisieren und finanzieren. Nur dass es von 1929 an immer schlechter lief, war ein Problem: Man kann die weltweit beste Propagandamaschinerie in Gang setzen, man kann in den Kino-Wochenschauen Mussolini mit nacktem Oberkörper bei der Weizenernte zeigen und mit großem Tamtam das Weinfest in Marino oder Cupramontana eröffnen, man kann auch die westlichen Plutokratien beschuldigen, das arme, proletarische, ländliche Italien mit höchst ungerechten Sanktionen zu knechten – doch wenn die Lebensmittelgeschäfte immer leerer und die Lohntüten immer leichter werden, lastet man die Krise doch irgendwann den entsprechenden Wirtschafts-

und Ernährungsmodellen an – und denen, die sie propagieren. Mit Beginn des Krieges war schließlich die Gleichsetzung »traditionelle Gesellschaft = Hunger« nicht mehr zu widerlegen. Die erbarmungslose Konfrontation mit der Übermacht der Alliierten und insbesondere der USA in Sachen Technik und Ernährung traf Italien wie ein Schock.

Krieg und Hunger sind hässliche Monster. Das faschistische Regime wurde zu Recht verantwortlich gemacht für die Katastrophe, die das Land um hundert Jahre zurückgeworfen hatte, und der Volkszorn beseitigte den Faschismus und die dazugehörige Rhetorik und Kultur. Der Wiederaufbau nach dem Krieg bestand in Italien in einer radikalen Ablehnung der Vergangenheit und einer quasireligiösen Übernahme der neuen Wirtschafts- und Konsummodelle von den amerikanischen Rettern. Natürlich waren die Ressourcen beschränkt, doch das Eingreifen der Nothilfe- und Wiederaufbauverwaltung der Vereinten Nationen (UNRRA) und der folgende Marshallplan lösten zumindest das Hungerproblem. Es dauerte allerdings noch einige Jahre, bis das nicht übertrieben üppige Konsumniveau der Vorkriegszeit wieder erreicht wurde. Zwar vollzog sich der Übergang von einem traditionellen Wirtschafts- und Sozialsystem zu einer Industrie- und Konsumgesellschaft langsam, doch die neuen Ideale wurden vor allem in den großen Städten praktisch sofort übernommen.

Ernährungsgewohnheiten wechseln langsamer als Mode und noch langsamer als das kulturelle Klima. In der berühmten Szene aus *Ein Amerikaner in Rom* schaufelt der Protagonist, der Amerika-Fan Nando Mericoni, dann doch lieber die gewohnten Spaghetti in sich hinein, nachdem er es mit einer wilden Mischung aus Milch, Joghurt, Marmelade und Senf versucht hat, die er offenbar für den Inbegriff des Amerikanischen hält. Doch der von Alberto Sordi als Karikatur dargestellte »neue« Italiener, der Amerika in jeder Hinsicht, auch in kulinarischer, für ein Vorbild hielt, existierte tatsächlich, was zu einer weiteren genetischen Mutation der italienischen Küche führte. Neue Gerichte wurden zu Traditionen, und eines der prägnantesten Beispiele dafür betrifft ausgerechnet Rom selbst: Die berühmten *Spaghetti Carbonara*, die unmittelbar nach dem Krieg entstanden, waren ganz klar ein amerikanisches Gericht, zumindest was die Zutaten betraf, die von den amerikanischen Besatzungstruppen geliefert wurden. Ich würde behaupten, dass sie nichts anderes sind als ein typisch amerikanisches Frühstück (Eier mit Speck), dem man Nudeln hinzufügte.

Es war jedoch gerade das seit Mitte der 1950er-Jahre exorbitante Wirtschaftswachstum, das den Bruch mit der Vergangenheit mehr als deutlich machte. In Italien nahm man allerlei neue Nahrungsmittel in den Mund, vor allem jedoch eine neue Vokabel: »Boom« – und die sagte eigentlich alles. Es meinte die Sprengung der Fesseln, die die unteren Schichten Italiens jahrhundertelang vom Aufstieg sowie von der Verbesserung des Lebensstandards und der Ernährungssituation abgehalten hatten. Das Essen von Reichen und Armen glich sich stärker als je zuvor. Die Einführung des Kühlschranks in Privathaushalten ermöglichte nicht nur die Planung von Einkauf und Zubereitung mehrere Tage im Voraus, sondern auch eine zuvor nicht denkbare Abwechslung im Speiseplan.

Ein extrem junges Land, das sich noch gut an die Zeiten des Hungers erinnerte und entschlossen war, im internationalen Wettbewerb mitzuspielen und das jahrhundertealte Image der Rückständigkeit endlich hinter sich zu lassen: Das Italien des Wirtschaftsbooms war also durchaus bereit, die eigenen Traditionen auch bei Tisch infrage zu stellen. Der frühere Hunger wurde sogar direkt mit diesen Traditionen in Verbindung gebracht. Der Bruch mit der landwirtschaftlichen Vergangenheit geschah radikal und plötzlich, die Essenstraditionen wurden vermutlich vor allem an Festtagen bewahrt, doch ansonsten erfuhr der tägliche Speiseplan der Familien einen revolutionären Wandel, dessen auffälligstes Kennzeichen sicher der Vormarsch des Fleischs und der Fertigprodukte war.

Diese Ernährungsrevolution wurde im neu gegründeten Staatsfernsehen durch »Carosello« zugleich vermittelt und legitimiert. Nicht zufällig startete diese extrem erfolgreiche, nur aus Werbung bestehende Sendung im Jahr 1957, am Vorabend des Wirtschaftsbooms, und wurde 1977, auf dem Höhepunkt der Wirtschaftskrise, eingestellt. »Carosello« präsentierte Konsumideen für alle Bereiche des Alltagslebens, und gerade auf dem Feld der Ernährung stand sie ganz offensichtlich für den Sieg der Industrie- und Fertignahrung über die bisher dominierende handwerkliche und häusliche Nahrungsmittelproduktion. Es verbreiteten sich bis dahin nahezu unbekannte Erzeugnisse wie Fleischkonserven, Brühwürfel oder Margarine, aber auch der italienischen Tradition völlig fremde Produkttypen, wie abgepacktes Knabberzeug und Süßigkeiten, von Schmelzkäseecken, Kondensmilch, kohlensäurehaltigen Getränken und Pflanzenölen gar nicht zu reden. Damit änderten sich nicht nur die italienischen Ernährungsgewohnheiten, es verstärkte sich auch die Überzeugung, alles Neue und industriell Hergestellte sei gut und gesund und alles der Vergangenheit Zuzuordnende weniger nahrhaft und ausgewogen, weniger sicher und damit auch weniger gut.

Sehr überraschend ist allerdings, dass die Tourismusindustrie, die ebenfalls enorm expandierte, die Wertschätzung traditioneller Produkte als Wettbewerbsvorteil und Attraktion lange Zeit ignorierte. Bis zu Beginn der 1980er-Jahre setzte man den deutschen, holländischen, österreichischen, Schweizer und sogar italienischen Touristenhorden an der

Adriaküste ausschließlich standardisierte Menüs vor, die einer langweiligen und künstlichen Vorstellung von italienischer Küche entsprachen und selbstverständlich nicht die geringste regionale Note aufweisen konnten. Es genügt darauf hinzuweisen, dass in den Reiseführern der 1950er- und 1960er-Jahre kein einziges Restaurant in der Romagna aufgeführt wurde, das Piadina auf der Karte hatte.

Ausgerechnet die Entdeckung der bis dahin in Italien unbekannten Freizeit wurde zur zusätzlichen Triebkraft des kulinarischen Wandels. In den 1960er-Jahren bot sich immer häufiger die Gelegenheit, auf der Vespa oder im Fiat 600 Ausflüge zu unternehmen und dabei zu picknicken, was zur Schaffung neuer Gerichten führte: Packte man anfangs noch mit Aufschnitt oder Käse belegte Brote ein, hatte sich bis zum Ende des Jahrzehnts der Reissalat durchgesetzt, eine echte kulinarische Errungenschaft des Volks, die durch die Verbreitung des Kühlschranks ermöglicht wurde.

Der große Sprung nach vorn

Damit sind wir in den schicksalhaften 1970er Jahren angekommen. Fast jedenfalls, denn tatsächlich muss noch auf die wenigen Pioniere eingegangen werden, die sich bereits während des Booms und in den gesamten 1960er-Jahren beharrlich um das Aufspüren und gegebenenfalls auch die Bewahrung der kulinarischen Traditionen Italiens bemühten und sich der allgemeinen Begeisterung für alles Neue und dem von »Carosello« propagierten Ernährungsstil entgegenstemmten. Für viele dieser Persönlichkeiten aus den Bereichen Kultur, Journalismus und Literatur und einige wenige Profis aus der Gastronomie war dieses Engagement nur Getue, eine snobistische Reaktion auf die angeblich vorherrschende Vulgarität der neuen Reichen und der neuen Mittelschicht. Orio Vergani, Vincenzo Buonassisi, Dino Buzzati, Massimo Alberini und wie sie alle hießen, vor allem aber der Gastro-Journalist Luigi Veronelli waren die zentralen Figuren eines Widerstands, der bis zur Mitte der 1960er-Jahre etwas Verzweifeltes hatte, hin und wieder aber auch heroische Momente. Dazu gehört das berühmte historische Bankett, das anlässlich einer Mantegna-Ausstellung 1961 in der Sala dei Cavalli im Palazzo Te in Mantua veranstaltet wurde. Wirft man einen Blick auf das unglaubliche Menü mit sage und schreibe 35 Gängen, wird überdeutlich, wie hier die Geschichte im Dienst einer noch zu erfindenden Tradition zurechtgebogen wurde. Gerichte wie *Consommé Isabella d'Este*, *Agnolotti* (gefüllte Teigtaschen) *alla Buonacolsi*, *Conchiglie* (Muschelnudeln) *alla Barbara di Brandeburgo* oder *Anguille* (Aal) *alla San Giorgio* hatten keinerlei Bezug zur Küche Mantuas. Auch der *Cappone* (Kapaun) *alla Stefani*, den man heute in allen Restaurants in Mantua und nicht nur dort vorgesetzt bekommt, war eine reine Erfindung, von der die Einwohnerschaft bis zu jenem sagenhaften Bankett noch nie gehört hatte.

Die wahren oder vorgeblichen Hüter der Tradition verwandelten sich in Wünschelrutengänger, die noch in den verlassensten Trattorien und auf den innovationsfeindlichsten Bauernhöfen nach Speisen und Weinen fahndeten. Die sich langsam im Land ausbreitenden Gastronomieführer registrierten eine fortschreitende Vereinheitlichung der Restaurantküche (wie in Frankreich mit Einzug des Escoffier-Stils geschehen), doch die Gruppe rund um die Redaktion der Zeitschrift *Cucina Italiana* oder Mitglieder der Accademia Italiana della Cucina machten sich auf die Suche nach Alternativen, die irgendwie mit dem brachen, was als eine Mode galt, die über kurz oder lang alles zu verflachen drohte. Andererseits wählten die Italiener auf Reisen ihre Restaurants nach wie vor nicht nach dem *Guide Michelin* und schon gar nicht nach dem Weinführer *Veronelli* aus, sondern machten an den Trattorien halt, bei denen viele Laster auf dem Parkplatz vor der Tür standen …

Doch all diese kulinarischen Widerstandskämpfer sollten ihre Revanche bekommen. Denn der enorme Enthusiasmus für alles Neue und Industriegefertigte, der Italien zwanzig Jahre lang beim Essen geleitet hatte, wich völlig unerwartet Zweifeln und Fragen. Inmitten von Ölkrisen, Umweltkatastrophen, Sparpolitik, Terrorismus, Protesten auf Straßen, in Universitäten und Fabriken wurde die Bevölkerung ziemlich unsanft aus ihrem Traum vom unendlichen Wachstum und einem Wohlstand ohne Nebenkosten gerissen. In der Tat wurde die gesamte industrialisierte Welt von epochalen Erschütterungen ergriffen, die ihr ökonomisches und kulturelles Fundament untergruben. In Ländern mit festeren liberalen und demokratischen Wurzeln beschädigten diese Verwerfungen die grundlegende Idee eines auf Innovation und Forschung beruhenden Fortschritts nicht, sondern wurden zum Anlass für Investitionen und die Umstrukturierung des Produktionssektors genommen. In Italien dagegen führte die Krise der 1970er-Jahre dazu, die Rolle der Industrie fundamental infrage zu stellen, und zwar nicht nur als Faktor für wirtschaftliches Wachstum, sondern auch für soziale und kulturelle Entwicklung.

Womit wir bei den Glühwürmchen wären, wo wir die Geschichte dessen, was heute alle Welt »italienische Küche« nennt, wieder aufnehmen müssen. Halten Sie mich nicht für verrückt, ich spreche tatsächlich von Pier Paolo Pasolinis Glühwürmchen.

> Anfang der sechziger Jahre begannen aufgrund der Luftverschmutzung und, vor allem auf dem Land, aufgrund der Verschmutzung des Wassers (der blauen Flüsse und der klaren Bäche) die Glühwürmchen

zu verschwinden. Eine Sache, die mit blitzartiger Geschwindigkeit vor sich ging. Ein paar Jahre später gab es die Glühwürmchen nicht mehr.

Nach diesen poetischen Bildern, mit denen Pasolini auf die ökologischen und sozialen Krisen anspielt, die Italien in kurzer Zeit zu verkraften hatte, analysiert er die politischen und wirtschaftlichen Folgen:

> Die nationalisierten und damit gefälschten »Werte« der alten bäuerlichen und frühkapitalistischen Welt sind auf einmal nicht mehr wichtig. Kirche, Vaterland, Familie, Gehorsam, Ordnung, Sparsamkeit, Moral sind auf einmal nicht mehr wichtig. Nicht einmal das Falsche an ihnen ist noch zu gebrauchen [...] An ihre Stelle treten die »Werte« eines neuen Gesellschaftsmodells, das mit der bäuerlichen und frühindustriellen Gesellschaft nichts mehr gemein hat. Diese Erfahrung haben auch schon andere Länder gemacht. In Italien jedoch hat sie einen ganz speziellen Charakter, denn hier stellt sie sich dar als die erste wirkliche »Vereinigung«, die unser Land über sich ergehen lassen mußte [...]

Und weiter:

> [...] die Industrialisierung [im Italien] der siebziger Jahre stellt eine »Mutation« dar, die in ihrer Tragweite noch über die deutsche Erfahrung der zwanziger Jahre hinausgeht. Inzwischen ist jedem klar geworden, daß

wir es hier nicht bloß mit »neuen Zeiten« zu tun haben, sondern mit einer neuen Epoche der Menschheitsgeschichte: jener Menschheitsgeschichte, deren Abläufe man in Jahrtausenden zählt. Die Italiener hätten auf dieses traumatische Erlebnis gar nicht schlimmer reagieren können: sie sind innerhalb weniger Jahre (vor allem in Mittel- und Süditalien) zu einem degenerierten, lächerlichen, widerwärtigen und kriminellen Volk verkommen. Man braucht nur auf die Straße zu gehen, um das zu begreifen. Doch um wirklich zu verstehen, was sich an den Leuten verändert hat, muß man sie natürlich lieben. Ich habe – leider – diese Italiener einmal geliebt: nicht im Sinne der gängigen Klischees (sondern in verzweifelter Opposition dagegen) und auch nicht in einem volkstümelnden und humanitären Sinne. Es war eine echte Liebe, die aus meiner ganzen Lebensweise herrührte. Ich habe also »mit all meinen Sinnen« gesehen, wie das von der Konsumgesellschaft geforderte Zwangsverhalten das Bewußtsein des italienischen Volks umgemodelt, deformiert und zu einer Degradierung getrieben hat, von der es kein Zurück mehr gibt.

Pasolini verfasste diese Polemik im Februar 1975, das nicht irgendein Jahr in der italienischen Wirtschaftsgeschichte war, denn die Verständigung auf die sogenannte *scala mobile* (Rolltreppe), die automatische Anpassung der Löhne an die Inflationsrate, bestätigte quasi die Krise der Großindustrie und der herrschenden Klasse des Landes: Erstere verzichtete zugunsten des Gewerkschaftsfriedens in ihren Fabriken auf mutige Investitionen, Letztere zugunsten ihres Überlebens auf ihre Führungsrolle. Die Einigung auf diese gleitende Lohnskala befeuerte eine Inflations- und Entwertungsspirale, der die Wettbewerbsfähigkeit Italiens zum Opfer fiel. Schon gut, werden Sie sagen, aber wollten wir nicht über die Küche reden? Was hat das alles mit *Lardo di Colonnata, Parmigiano Reggiano* oder Pachino-Tomaten zu tun? Nur die Ruhe, das hat alles seine Richtigkeit.

Unbestreitbar hat Pasolini sensibel und präzise die Transformationen der italienischen Gesellschaft in den seinem Text vorausgehenden zwanzig Jahren erfasst. Von seinem Standpunkt des beharrlichen Kritikers der herrschenden Klasse, die das Land in jenen Jahren bereits sehr lange regierte, handelte es sich ausschließlich um negative Veränderungen: Die Macht des Konsums hatte das Bewusstsein der Italiener verformt und korrumpiert. Doch Pasolini hatte zu diesem Zeitpunkt nur noch wenige Monate zu leben und nicht mehr die Gelegenheit, die Geschehnisse jener entscheidenden 1970er-Jahre zu erfassen und zu bewerten. Spätestens seit der Ölkrise von 1973 begann für die Großindustrie Italiens (aber auch anderer Länder) eine lange Phase des Niedergangs, die ihr letztlich die Führungsrolle im gerade laufenden Innovationsprozess des Landes aus der Hand riss. Die Arbeitskämpfe, die schon im berüchtigten heißen Herbst 1969 ausgebrochen waren, offenbarten in ihrer Aggressivität die sozialen Kosten der Industrialisierung. Und kurz darauf begann Italien auch die ökologischen Kosten zu hinterfragen, wobei der Chemieunfall von Seveso 1976 eine bestimmende Rolle in der Bewusstseinsbildung spielte.

Das Ergebnis dieser schwierigen Periode war auf makroökonomischer Ebene das definitive Ende eines ungebremsten Anstiegs der Einkommen, der die italienische Wirtschaft seit mehr als fünfundzwanzig Jahren praktisch ohne Unterbrechung gekennzeichnet hatte. Mit der Ölkrise von 1973 begann eine lange Phase, in der sich ein beinahe explosives Wachstum des Bruttoinlandsprodukts mit Rückgängen oder echter Rezession abwechselten. Auf politischem und kulturellem Gebiet führte das Ende der Illusion vom unbegrenzten Wachstum zusammen mit den bereits erwähnten sozialen Konflikten und ökologischen Problemen dazu, dass die italienische Bevölkerung das Vertrauen in die Funktion der Großindustrie als Garantin des Fortschritts und des sozialen Aufstiegs sowie in die Arbeiterklasse als entscheidenden Motor der Gesellschaft verlor. Nicht ohne Grund beginnt in dieser Epoche die wissenschaftliche Untersuchung der *Terza Italia* (»Drittes Italien«), jener sich vor allem in Nordost- und Mittelitalien etablierenden, untereinander vernetzten Industrie kleinerer und mittlerer Betriebe, die rein theoretisch nicht zu den Widersprüchen großindustrieller Produktion führen sollte, und der sogenannten Industriedistrikte als reale, effiziente und ganz und gar italienische Alternative zu den Großkonzernen Ford'schen Zuschnitts.

Um es wieder mit Pasolini zu sagen: Das Volk, das bereits auf die Industrialisierung und den sogenannten Konsumismus so schlimm reagiert hatte, reagierte mindestens ebenso schlimm auf die Krise dieses Entwicklungsmodells. Die Veränderung, die bis dahin funktioniert hatte – wachsender Wohlstand (sprich: Konsum) im Tausch gegen Identitätsverlust –, funktionierte nun nicht mehr. Und der lange Zeitraum verfehlter Reformen verstärkte nur noch das Misstrauen der italienischen Bevölkerung gegenüber den Institutionen, vor allem den zentralstaatlichen.

Und damit kommen wir schließlich zur Sache. Was für ein Land wie Italien, zu dem Zeitpunkt bereits dauerhaft eines der zehn wichtigsten Industrieländer der Welt, als ökonomisches Netzwerk, quasi als Bindegewebe der Wirtschaft (Kleinunternehmen, Handwerk, Heimarbeit, traditionelle Sektoren, Agrarprodukte und Ernährung) hätte fungieren sollen, wurde zu seinem Rückgrat (oder zumindest so wahrgenommen), vor allem aber wurde es zu einem Instrument, mit dem man einen gesellschaftlichen Konsens und politische Legitimation zurückzugewinnen versuchte. So entstand vom Ende der 1970er- bis zur Mitte der 1980er-Jahre das Märchen vom »Klein ist schön«, mit dem alles glorifiziert wurde, was kein Großunternehmen war und was, laut Sergio

Anselmi, »entfesselte individuelle Energien, nicht stattfindende Kontrollen, den Beigeschmack vorindustrieller Zeiten […], beide Augen zudrückende örtliche Autoritäten und quasi staatlich legitimierte Steuerhinterziehung« bedeutete. Hatte bis zum Ende der 1960er-Jahre diese polyzentrische und bis zu einem gewissen Grad chaotische Realität noch als Überbleibsel vorindustrieller Zeiten gegolten, wurde sie zehn Jahre später zum Allheilmittel gegen die tiefgreifenden Probleme der italienischen Wirtschaft erklärt.

Eine echte Heilung wäre vermutlich zu schwer zu ertragen gewesen. Der nur kurz währende Reformismus, in Gestalt einer Regierung der nationalen Solidarität, wurde gestoppt durch den Mord an Aldo Moro und die Unfähigkeit des PCI (der kommunistischen Partei Italiens), der Opposition von links zu widerstehen, sowie der DC (der Christdemokraten), der von rechts standzuhalten. Weswegen man anfing, alle nur möglichen und vorstellbaren Abkürzungen zu nehmen: die Verstaatlichung, durch die das IRI (das Institut für den industriellen Wiederaufbau) zur Standardlösung für jedes industrielle Problem wurde und die erwähnte gleitende Lohnskala jeden Tarifkonflikt aus dem Weg räumte. Zugleich gab man sich der Illusion hin, Handwerk, Tourismus und öffentliche Ausgaben könnten die Basis eines neuen Fortschritts ohne Konflikte, ohne soziale Probleme und Umweltschäden sein. In der Zwischenzeit hatte man die Regionen geschaffen – war das nicht der ideale Zeitpunkt, um öffentliche Maßnahmen zur Förderung des Tourismus zu ergreifen, die sich auch auf regionale Besonderheiten stützten?

Und so erschuf die Wissenschaft von der Kulinarik das logische (und ideologische) Monster der italienischen Regionalküche. Wenn es schon keine italienische Küche gibt, wie soll es dann eine Regionalküche geben? Im Prinzip war der italienische Staat schon mehr als ein Jahrhundert alt, die Regionen aber existierten erst einige Monate. In der Tat war das Speisenangebot der Restaurants in den Gastronomieführern der 1950er- und 1960-Jahre in drei Kategorien eingeteilt: italienische Küche, Bologneser Küche, neapolitanische Küche. Wobei man unter »italienischer« Küche paradoxerweise etwas eher Französisches (teils mit Einschlägen von Artusi) verstand, während der Verweis auf Bologna oder Neapel die exzellente Qualität im Bereich der tatsächlich italienischen Gerichte unterstrich. Bologna und Neapel betrachtete man als die kulinarischen Hauptstädte Italiens, aber diese Definition war nicht spezifisch geografisch und schon gar nicht regional gemeint.

Während Anna Gosetti della Salda Ende der 1970er-Jahre ihr Kochbuch *Le ricette regionali italiane* (Italienische Regionalrezepte) und wenig später Luigi Carnacina und Luigi Veronelli ihr Monumentalwerk *Cucina rustica regionale* (Die ländliche Regionalküche) veröffentlichten, gefolgt von einer wachsenden Zahl an Nacheifernden und finanziert von den Kultur- und Tourismusbeauftragten der neu geschaffenen Regionen, betrat ein amerikanischer Ernährungswissenschaftler die Bühne, der einer trägen Politik und eifrigen Küchengelehrten die Lösung all ihrer Probleme auf dem Silbertablett präsentierte: die Mittelmeerdiät. Eigentlich hatten Ancel Keys, den ich in der Einleitung bereits erwähnt habe, und seine Frau Margaret ihre Mittelmeerdiät bereits viel früher, nämlich Ende der 1950er-Jahre, erfunden. Die wahrlich bahnbrechende Erkenntnis, dass ein Volk von Unterernährten keine Probleme mit erhöhtem Cholesterinspiegel und Herzerkrankungen aufwies, im Gegensatz zu den reichen und übergewichtigen Nordamerikanern, die in beträchtlichem Maß an beidem litten, brachte das Wissenschaftlerpaar dazu, ihre Kenntnisse über die Ernährungsgewohnheiten der Länder des Mittelmeerraums auszuweiten – aber nicht nur: Ihre Untersuchungen führten sie auch nach Japan. Daraus entstand ein Buch, das 1962 erstmals in Italien erschien. Es bleibt festzuhalten, dass die Forschungen des Ehepaars Keys – ganz abgesehen von Ungenauigkeiten und der oberflächlichen Begeisterung für das, was von den Menschen rund ums Mittelmeer so gegessen wurde – nie darauf abzielten, die Ursprünge irgendwelcher Kochtraditionen zutage zu fördern, es ging vielmehr ganz konkret darum, die Gesundheit von Individuen durch spezielle Ernährungstipps zu verbessern. Die

Keys hatten für ihr Buch auch Rezepte entwickelt, mit denen sie sich, was den Ursprung der Zutaten betraf, bestimmt nicht nur auf Italien bezogen, sondern eben auf den gesamten Mittelmeerraum. Grob gesagt schlugen sie vor, tierische durch pflanzliche Fette zu ersetzen sowie mehr Gemüse und Fisch zu essen.

Nichts, was mehr als ein paar Zeitungsartikel oder einen Bericht in den Abendnachrichten wert gewesen wäre – und genau so wurde die Publikation der Keys auch in den meisten Mittelmeerländern aufgenommen. In Italien jedoch konnte man sich, wie gesagt, eine solche Gelegenheit nicht entgehen lassen, denn sie ermöglichte die Schaffung eines Mythos des italienischen Essens: Das, was immer schon gut geschmeckt hatte, das *tat* auch gut. Und behauptet wurde es nicht von uns Italienern, sondern von einem Amerikaner! Was machte es da schon, dass sich die meisten Menschen in Italien nie nach der Mittelmeerdiät ernährt hatten, zum einen weil sie wahlweise zu arm waren oder in Norditalien lebten, zum anderen weil diese Ernährung in den vorangegangenen Jahren als unmodern und wenig »amerikanisch« gegolten hatte. Schwamm drüber, dass die Keys sich gar nicht nur auf Italien bezogen – Italien eignete sich das Etikett an wie Napoleon die Eiserne Krone der Lombardei. Sie wurde von Gott verliehen, also wage es keiner, sie auch nur anzurühren. Mehr als zehn Jahre blieb Keys' Buch trotz Übersetzung und

Veröffentlichung in Italien nahezu unbekannt, was ein zusätzlicher Beleg für die Künstlichkeit des gesamten Unterfangens ist: Es handelte sich um Marketing, nicht mehr und nicht weniger.

Ein weiterer Anstoß für Veränderung war der Skandal um die mit Methanol gestreckten Weine, der die italienische Weinindustrie Mitte der 1980er-Jahre erschütterte. Wie Behörden, aber auch Konsumenten plötzlich bewusst wurde, waren die italienischen Produktionsbedingungen in gesundheitlicher Sicht alles andere als sicher. Um diese Krise zu überwinden, die vor allem eine Krise des Images und der Glaubwürdigkeit auf internationaler Ebene darstellte, musste mehr kontrolliert und vonseiten der Hersteller stärker auf die Qualität geachtet werden, doch das reichte nicht: Eine jungfräuliche Unschuld musste wiederhergestellt werden, was am einfachsten durch die Erfindung einer neuen, vertrauensfördernden Vergangenheit für solche Produkte funktionierte. Und je besser die langen, ruhmreichen Geschichten klangen, desto beruhigter waren diejenigen, die sie kauften und konsumierten.

Der explosive Cocktail aus Regionalismus, Gesundheitswahn und Krise der Industrialisierung hatte eine Maschinerie zur Erfindung von Traditionen in Gang gesetzt, die von da an nicht mehr zu stoppen war. Man konnte zusehen, wie die Forschungen zu einzelnen Nahrungsmitteln oder kulinarischen Traditionen entlegenster Dörfer in Berg und Tal, am Meer oder See sich vervielfachten und vermehrten. Jeder Bürgermeister, jede Provinz- oder Regionalpräsidentin wollte eine eigene Spezialität haben oder ein Fest, das unbedingt uralt sein musste, und eine Vereinigung zur Bewahrung dieser Spezialität (wovor?). Findige Unternehmen witterten Geschäfte, »Exzellenz« lautete die Parole. Plötzlich wimmelte es in Italien nur so vor »Exzellenz«, von der wenige Tage zuvor noch niemand etwas geahnt hatte, deren Verlust jedoch eine nationale Tragödie wäre, oder zumindest eine für die jeweilige Region, Provinz oder Gemeinde. Dazu kamen später noch Rücksichten auf die Umwelt und die heimische Wirtschaft und damit neue Parolen namens »Biodiversität«, »Kampf gegen multinationale Konzerne« und schließlich »Gebiet«.

Da ist es, das Zauberwort: Gebiet, *territorio.* Laut einer seither allgemein akzeptierten Lesart besteht Italien aus Gebieten, auch wenn niemand sich der unfreiwilligen Ironie hinter dieser Definition bewusst zu sein scheint. Als ob beispielsweise Spanien, Deutschland oder Frankreich aus lauter Satelliten bestünden oder umgekehrt in kultureller oder kulinarischer Sicht eine einzige homogene Einheit bildeten. Aber nein, nur Italien setzt sich aus Gebieten zusammen, und um dies ein für alle Mal festzuschreiben, fängt man paradoxerweise an, mittels Qualitätssiegeln und entsprechenden Produktionsrichtlinien sämtliche Differenzen zu leugnen und Herstellungsweisen zu standardisieren, die doch eigentlich, wenn sie denn überlebt haben, das Ergebnis nicht kodifizierter, sondern häufig mündlich weitergegebener Traditionen sind. Womit wir beim springenden Punkt wären: Die italienische Küche, ab Mitte der 1960er-Jahre entstanden, ist ein Jurassic Park. Wer den berühmten Spielberg-Film kennt, erinnert sich, wie darin skrupellose Forschende DNA-Fragmente von Dinosauriern, die sich auf wundersame Weise erhalten haben, zusammenbauen, um daraus Reptilien wie den Tyrannosaurus oder den Brontosaurus wieder zum Leben zu erwecken. Und mit der italienischen Küche hat man mehr oder weniger das Gleiche gemacht: Kleine Reste irgendwelcher längst vergessener Traditionen oder Geschichten transplantierte man in die neue Gesellschaft, die damit nicht mehr das Geringste zu tun hatte, und formte das Ganze zu einem für den Massentourismus tauglichen Mythos. Deshalb wurden *trattorie* und *ristoranti* zu *Osterie* oder noch häufiger zu *Hostarie*, denn auch wenn die Italiener nach »Carosello« ins Bett gingen, bricht sich das Spitzbübische in ihrem Wesen irgendwann Bahn.

Man kann nicht behaupten, dass das Unterfangen nicht geglückt wäre. Auch dazu haben sicher wieder die vielen Italiener in der ganzen Welt beigetragen, für die die Wiederauferstehung der Traditionen ein weiteres Element der Identifikation und Distinktion darstellte. Für viele war es auch ein durchaus bedeutsames ökonomisches Instrument, denn damit ließ sich die Zahl der italienischen Restaurants in allen Winkeln dieser Welt weiter erhöhen, was wiederum den Mythos weiter festigte. Währenddessen entstanden in Italien immer mehr Kochakademien, Genossenschaften und sogar Universitätsseminare. Gebietsmarketing wurde zur Grundlage jeder örtlichen Entwicklungsmaßnahme, und die Hervorhebung der kulinarischen und önologischen Traditionen war dabei das zentrale Element. Mit der echten oder vermeintlichen Wertschätzung für Nahrungsmittel von hoher Qualität setzte man natürlich auch auf eine Thematik, die im gesamten industrialisierten Westen immer mehr Aufmerksamkeit bekam.

Schaltet man heute den Fernseher ein, landet man zwangsläufig bei einer der zahllosen Kochsendungen, die sich an ein sehr heterogenes Publikum richten, von Kindern bis zu alten Menschen. Der Erfolg der italienischen Küche und die Reputation, die sie sich in nur vierzig Jahren aufbauen konnte, ist jedenfalls auf eine international günstige Situation zurückzuführen, was nicht heißt, dass nicht auch die institutionellen Bemühungen eine gewichtige Rolle gespielt haben. Ganz offensichtlich hat dieser Erfolg den allgemeinen Niedergang des Landes zum Teil überdecken können, und es lässt sich nicht bestreiten, dass zumindest eine große Mehrheit Gastronomie und Tourismus für zentrale Elemente im Kampf gegen diesen Niedergang hielten.

Ich kann mich allerdings des Verdachts nicht erwehren, dass im Angesicht einer strukturellen Krise, die nicht nur die italienische Industrie, sondern die gesamte Wirtschaft sowie das soziale und institutionelle Gefüge umfasst, die Konzentration auf einen Wirtschaftssektor wie Weinbau, Kulinarik, Tourismus und Kultur im Grunde wieder einmal eine Abkürzung darstellt, die Italien in eine Sackgasse führt. Die tieferliegenden Gründe für diese Krise ausfindig zu machen und vor allem umfassendere Lösungen zu entwickeln, erscheint offenbar zu schwierig und würde das Land letztlich dazu zwingen, die heute sowohl bei Linken wie Rechten verbreiteten ökonomische Überzeugungen radikal infrage zu stellen. Andererseits kann ich mir nicht vorstellen, dass irgendwer es wirklich verlockend findet, Italien auf eine Art Freizeitpark reduziert zu sehen, ein einziges großes Feriendorf, ein aufgeblasenes Venedig, in dem die Bevölkerung traditionelle Lieder singt oder Gedichte aufsagt, für reiche Touristen, die gestern Deutsche waren, heute aus Russland kommen, morgen aus China und übermorgen von wer weiß woher …

II.

Mit altem Speck fängt man Mäuse

Eines vorneweg: Das zur Gemeinde Carrara gehörende Colonnata ist ein ausgesprochen bezaubernder Ort, der einen Ausflug wert ist, wozu unbedingt die Verkostung des in der Gegend hergestellten *lardo* in einem der dortigen hervorragenden Restaurants gehört. Um es klar zu sagen: Abgesehen von den fünfundneunzig Prozent *Lardo di Colonnata,* den man auf der halben Welt in jedem Supermarkt bekommt und der nichts Besonderes ist, sind die restlichen fünf Prozent ein ganz außergewöhnliches Produkt, eines, für das es sich allein schon lohnt, auf die Welt gekommen zu sein. Und selbstverständlich setzt ein so guter Speck mit seinem komplexen Herstellungsverfahren ein Wissen voraus, das in dieser Gegend schon wer weiß wie lange tradiert wurde.

Genau, wer weiß, wie lange? Selbst wenn man die inzwischen ausufernde Literatur zum Thema konsultiert, ist diese Frage nicht leicht zu beantworten. Die Geschichte dieses Nahrungsmittels erscheint als kurioses Patchwork, in das man alles eingeflochten hat, was einem so unterkam: Sie beginnt bei den Sklaven, die in römischer Zeit in den Marmorsteinbrüchen schufteten, wird mit Michelangelo fortgesetzt und führt Ende des 19. Jahrhunderts zu den Anarchisten von Carrara. Letztlich ist alles, was im weitesten Sinne typisch für diesen speziellen Winkel der Toskana ist, irgendwie in die Lardo-Geschichte eingeflossen.

Versuchen wir also, diesen Mischmasch ein wenig zu sortieren, um klarer zu sehen. Anscheinend wurden die Sklaven, die in den Steinbrüchen arbeiteten, aus denen der Marmor für die monumentalen Bauten und Skulpturen des kaiserlichen Roms stammte, mit diesem exquisiten Speck verpflegt. Das klingt absolut glaubwürdig, angesichts der Tatsache, dass sie energiereiche Nahrung brauchten, um tagtäglich einen derart anstrengenden Job zu machen. Allerdings war Fleisch bekanntermaßen ein ausschließlich für die römische Bürgerschaft bestimmter Luxus, und im 4. Jahrhundert mussten die Legionäre mit massenhafter Desertion drohen, bevor man ihnen alle drei Tage eine Ration Schweinefleisch zugestand. Zu behaupten, ein teures und begehrtes Nahrungsmittel sei in großen Mengen auf den Tellern der Sklaven gelandet, ist definitiv ein Anachronismus, um es noch freundlich auszudrücken.

Dass in Carrara und Umgebung schon seit uralter Zeit Schweine gezüchtet und gehalten wurden, soll auch die örtliche Verehrung des Heiligen Antonius belegen, Patron der Haustiere, der immer mit einem

Schwein an seiner Seite abgebildet wird. Um Himmels willen! Gibt es denn irgendwo in Italien (vermutlich sogar weltweit) Orte, an denen der Heilige Antonius nicht präsent wäre?

Aber da ist ja auch noch die Kirche von Colonnata, die dem Heiligen Bartholomäus, seines Zeichens Schutzheiliger der Metzger, geweiht ist. Tja, das wiederum wäre ein Hinweis darauf, dass es in der Gegend mit den Schweinen gar nicht so weit her war, denn in der Logik der mittelalterlichen Handwerkszünfte waren Metzger ausschließlich für Rindfleisch, vielleicht noch für Schaf- oder Ziegenfleisch zuständig. Diejenigen, die beruflich mit Innereien und anderen Fleischsorten zu tun hatten, die Kuttel- und Geflügelhändler, unterschied man von den Metzgern, die in der Zunfthierarchie ganz oben standen. Die Schweineschlachter *(norcini)* und diejenigen, die deren Fleisch zu Wurst und Speck verarbeiteten *(salaioli* und *lardaioli)*, hatten nichts mit den Metzgern und damit auch nichts mit dem Heiligen Bartholomäus zu tun.

Aber sehen wir mal weiter: Angeblich hat sich Michelangelo, wenn er in der Gegend war, um den Marmor für seine unvergleichlichen Skulpturen zu beschaffen, immer mit einem Vorrat dieses köstlichen Specks versorgt. Der erste Teil der Geschichte stimmt: Seit der toskanische Künstler auf dem Monte Altissimo höchstpersönlich den Marmor für seine Pietà ausgewählt hatte, nahm er diese Reise für die Beschaffung der Steinblöcke regelmäßig auf sich. Die Aufenthalte Michelangelos in den Apuanischen Alpen sind gut dokumentiert und teilweise sogar recht präzise beschrieben. Zum Leidwesen der Lardo-Produzenten teilweise sogar extrem präzise, denn vom kostbaren, in Marmorbecken konservierten Schweinespeck ist kein einziges Mal die Rede. Nun gut, werden manche einwenden, kein Wunder, Michelangelo war schließlich wegen des hochgeschätzten Marmors dort, warum sollte in den Chroniken sonst noch was stehen? Sehe ich genauso, doch warum muss dann der berühmte Künstler herhalten, um zu beweisen, dass der Lardo bereits in der Renaissance beliebt war? Da liegt der Verdacht einer nachträglichen Geschichtsklitterung doch sehr nahe.

Kommen wir zu den letzten zwei Jahrhunderten. Auf der Website der *Festa del Lardo di Colonnata* heißt es, der Speck sei »viele Jahrhunderte Hauptnahrungsmittel der Arbeiter in den Steinbrüchen gewesen, bevor er nach dem Aufstand von 1894 zur Speise der Anarchisten wurde«. Schöne Story, in der der Stolz einer Bevölkerung auf ihre kulturelle Identität mit der Verwurzelung anarchistischer Ideen in der historischen Region Lunigiana und Umgebung verschmilzt. Der Lunigiana-Aufstand gehört zu den herausragenden Episoden der anarchistischen Bewegung nicht nur dieses begrenzten Gebiets, sondern ganz Italiens. Sowohl aus den zeitgenössischen Aufzeichnungen als auch der späteren historischen

Forschung gehen die extrem harten Lebensbedingungen der Arbeiter sowie der gesamten Bevölkerung der Gegend eindeutig hervor. Zu den Gründen für den Aufstand gehört daher explizit der starke Preisanstieg bei Lebensmitteln, und wenn von Lebensmitteln die Rede ist, dann heißt das Brot. Es ist insofern relativ logisch, dass in der politischen Propaganda nicht vom Lardo-Preis oder anderem Brotbelag die Rede ist. Die Anführer der Revolte forderten eine Regulierung des Brotpreises, das wäre aus ihrer Sicht schon mehr als ausreichend gewesen. Letztlich ist in keinem Text vom berühmten Speck als Nahrungsmittel der Anarchisten die Rede, außer auf eben jener Website der *Festa del Lardo di Colonnata.*

Bleibt festzuhalten, dass es den *Lardo di Colonnata* gibt und dass es sich dabei zweifellos um ein Qualitätsprodukt handelt. Zieht man die Sklaven, Michelangelo und die Anarchisten der Lunigiana einmal ab, bleibt ein Erfolg, den sich andere Gebiete zum Vorbild nehmen könnten. Die tatsächliche Geschichte dieses Specks beginnt allerdings Anfang der Neunziger (des 20. Jahrhunderts, wohlgemerkt!), als ein Grüppchen von Produzenten und Gastronomen aus der Provinz Carrara auf die Idee kam, ihre Gegend auch mittels der Kulinarik zu bewerben. In der Provinz wurde, wie überall in Italien, Schweinefleisch verarbeitet, wozu in den verschiedenen Gemeinden Methoden der Wurstherstellung und Konservierung existierten, die sich vermutlich von Produzent zu Produzent unterschieden. Wir brauchen eine Marke, würden Marketing-Leute sagen, ein gutes Produkt allein reicht nicht, davon gibt es unzählige. Man brauchte Wiedererkennbarkeit und Ortsgebundenheit, also etwas, was dort und nur dort herzustellen war. Deshalb wurde die Geschichte, also die Arbeiter im Steinbruch und die Marmorbecken zur Aufbewahrung, integraler Bestandteil des Specks selbst.

Es blieb nur noch das Problem mit der Bezeichnung, dessen Lösung sich in der Tat ein paar Jahre hinzog. Die Mehrzahl favorisierte, passend zur Gebiets-Logik, *Lardo di Carrara.* Weltweit bekannt war der Marmor aus Carrara, und wenn die Geschichte des Specks irgendwie mit den Steinbrüchen zusammenhängen sollte, musste auch seine Bezeichnung an den berühmten weißen Marmor anknüpfen. Darüber hinaus war der eigentliche Beweggrund schließlich die Bewerbung der gesamten Provinz, insofern schien die Verwendung des Namens ihres Verwaltungssitzes mehr als selbstverständlich. Doch genau hier bewiesen die Wirtschaftsfachleute und Behörden der Gegend ihre strategische Kompetenz und einen erstaunlichen Zusammenhalt. Denn die Wahl des Ortsnamens »Colonnata« zum Zeitpunkt der Festlegung der Ursprungsbezeichnung (2003) war wirklich perfekt. Das stimmungsvolle kleine Dorf als Symbol für die Herstellung dieses besonderen Specks verschaffte dem Narrativ ein weiteres mythisches Element, während die Bezeichnung »Carrara« es gewissermaßen verwässert hätte. Da dieses geradezu winzige Dorf die Vorstellung einer handwerklichen Herstellung in kleinsten Mengen vermittelt, empfindet man die Möglichkeit der Verkostung einiger Scheibchen als Privileg. Eine derart spezielle Bezeichnung adelt etwas, was sonst Dutzendware wäre. Niemand käme bei einem gehobenen Abendessen auf die Idee, den Gästen ein Stück Speck vorzusetzen, aber *Lardo di Colonnata*? Jederzeit! So gesehen steht Colonnata für Regionaltypisches in seiner höchsten Potenz.

III.

Die Pachino-Tomate: Made in Israel

Nicht alle wissen, dass Pachino (Provinz Syrakus) am südlichsten Punkt Ostsiziliens liegt, in einer landwirtschaftlich geprägten Gegend, die sich früher durch die Produktion von Weintrauben höchster Qualität auszeichnete. In diesem relativ kleinen Gebiet ist ein Mix aus Faktoren (Bodenbeschaffenheit, Licht, Temperatur und die Qualität des zur Bewässerung genutzten Wassers) feststellbar, die sich sehr positiv auf das Produkt auswirken, es schmackhafter, widerstandsfähiger, attraktiver, aromatischer und haltbarer machen.

Der enge Zusammenhang zwischen dieser Tomate und den Besonderheiten des Herkunftsgebiets haben die Zuerkennung der Ursprungsbezeichnung IGP (*Indicazione Geografica Protetta*, geschützte geografische Angabe) ermöglicht, und so wird die authentische Pachino-Tomate heute von einem eigens dafür geschaffenen Qualitätssiegel geschützt, das ein entsprechendes Gremium auf der Basis genau festgelegter Herstellungsverfahren verleiht. […]

Dieser Text stammt von der Website des Schutzgremiums für die Pachino-Tomate IGP. Das alles ist unbestreitbar zutreffend – nicht gesagt wird jedoch, woher diese von der Natur so außergewöhnlich gesegnete Tomate stammt. Was eine Unterlassungssünde ist, denn *Pomodori di Pachino IGP* sind eine der wenigen regionalen Spezialitäten, deren Entstehungsdatum ganz präzise anzugeben ist, und mit ein wenig Geduld lässt sich sogar der Name des Erfinders eruieren. Die Pachino-Tomate hat nämlich 1989 in Israel das Licht der Welt erblickt, bei Hazera Genetics, einem der weltweit wichtigsten Unternehmen auf dem Gebiet der agrogenetischen Forschung. Es sei ausdrücklich darauf hingewiesen, dass es sich bei der Pachino-Tomate nicht um einen GMO (genetisch modifizierten Organismus) handelt, sondern um eine mittels MAS (Marker Assisted Selection) entstandene Pflanze, ein Verfahren, das nichts mit gentechnischer Veränderung zu tun hat, sondern bei dem mittels Kreuzung und Hybridisierung neue Varietäten geschaffen werden, die bestimmte Kriterien hinsichtlich Geschmack, Widerstandsfähigkeit und Wüchsigkeit erfüllen. Mit MAS wird in kurzer Zeit im Labor das vollbracht, was in der Natur mittels des Darwin'schen Mechanismus der Selektion Jahrtausende dauern könnte.

Allerdings hat die natürliche Selektion nie sterile Organismen hervorgebracht oder solche, die ihre charakteristischen Eigenschaften nicht an die Folgegenerationen vererben können, das wäre ein Widerspruch in sich. Zum Nachteil unserer Geschichte und der Tomatenproduzenten von Pachino handelt es sich bei der berühmten Tomatensorte von Hazera Genetics jedoch um eine sogenannte F1-Hybride: Somit haben die Samen der angebauten Pflanzen nicht wieder die gleichen Eigenschaften wie ihre Eltern, weshalb sich die Produzenten jedes Jahr das Saatgut oder Setzlinge für die neue Saison beim Hersteller oder bei Gärtnereien besorgen müssen.

Aber erzählen wir diese fesselnde italo-israelische Geschichte ordentlich der Reihe nach. Ich bitte nun alle Leserinnen und Leser, die älter als vierzig sind, darum, ihr Gedächtnis ein wenig anzustrengen und sich die Tomaten ihrer (und meiner) Kindheit in Erinnerung zu rufen. In den Supermärkten und Gemüseläden gab es ausschließlich diese schönen Salattomaten, groß genug, um in Scheiben geschnitten zu werden. Ich erinnere mich insbesondere an die Ochsenherz-Tomaten, rot-grünlich, unförmig und sehr fleischig. Ein ganz eigenes Thema wären die San-Marzano-Tomaten, die ihrerseits bereits 1996 ein DOP-Siegel (*Denominazione d'origine protetta*, geschützte Ursprungsbezeichnung) bekamen und schon immer weniger zum direkten Verzehr als vielmehr für die industrielle oder häusliche Verarbeitung zu Schältomatenkonserven bestimmt waren.

Bis Ende der 1980er-Jahre waren Kirschtomaten und ganz generell an Rispen verkaufte Tomaten auf dem italienischen Markt völlig unbekannt. Und so stieß Hazera Genetics, als sie über Tochterfirmen ihre Kirschtomaten in Sizilien einführen wollten, auf den entschiedenen Widerstand der örtlichen Agrarbetriebe, die in Pachino eingeschlossen. Im Übrigen war der Ertrag pro Fläche niedriger als bei den traditionellen Salattomaten. Den vorsichtigen Bauern der Region Syrakus ist insofern kein Vorwurf zu machen.

Doch der Widerstand der sizilianischen Betriebe währte angesichts der kommerziellen Macht der Israelis nicht lange. Nach zwei Jahren prinzipieller Ablehnung überzeugten die intensiven PR-Maßnahmen von Hazera Genetics, aber auch die unbestreitbaren Vorteile genetischer Fortentwicklung, die der Kirschtomate zwei bis drei Wochen Haltbarkeit nach der Ernte bescherten, immer mehr Anbaubetriebe davon, das aus Tel Aviv stammende Saatgut einzusetzen.

Von diesem Augenblick an war der Erfolg der neuen Tomatensorte praktisch nicht mehr zu stoppen. Und aller Tradition zum Trotz ist einer der wichtigsten Faktoren für ihren Erfolg die Überwindung der Saisonalität: Pachino-Tomaten wachsen das ganze Jahr über und garantieren damit Einnahmen, von denen man mit den früheren Sorten nur träumen konnte.

An diesem Punkt musste allerdings wieder einmal eine Tradition erfunden werden, bei der die lästigen Israelis unter den Tisch fielen und das Regionaltypische, das es schlicht nicht geben konnte, hervorgehoben wurde. Ein Kinderspiel, auch wenn hier und da mal ein kleiner Riss in der Fassade entstand. So musste 2010 der damalige Landwirtschaftsminister Giancarlo Galan einräumen, dass die Pachino-Tomate aus israelischem Saatgut stammt. Aber die Sorgen waren unbegründet, nach den üblichen drei Tagen sensationsgetriebener Schlagzeilen wuchs Gras über die Sache, und schon konnte ganz Italien wieder voller Stolz sein gewohntes regionales Qualitätsprodukt auftischen.

IV.

Die wiedererlangte Jungfräulichkeit des Olivenöls

Olivenöl gehört mit Sicherheit zu den wichtigsten Symbolen der sogenannten mediterranen Küche und spielt im Ernährungssystem des Mittelmeerraums in der Tat eine zentrale Rolle. Dieses ganz besondere Nahrungsmittel tauchte etwa im 5. Jahrtausend vor Christus in Palästina auf und wanderte von dort langsam, aber unaufhaltsam über Griechenland, Italien, Libyen, Tunesien, Algerien und Marokko gen Westen bis nach Spanien, wo es seine größte Verbreitung gefunden hat. In sieben Jahrtausenden haben der Olivenanbau und die Ölgewinnung natürlich keine lineare Entwicklung durchgemacht. Da zur Produktion von Olivenöl bestimmte Techniken und eine relativ komplexe und organisierte Form der Landwirtschaft nötig sind, erlebten Angebot und Nutzung selbst in den Gebieten der größten Verbreitung häufige Aufs und Abs. Demografische und wirtschaftliche, politische und normative Faktoren haben seine Verfügbarkeit nicht nur kurz- und mittelfristig, sondern auch langfristig bestimmt.

Ohne allzu detailliert in diese lange Geschichte einzutauchen, lässt sich zumindest festhalten, dass bereits seit der Antike zwischen diversen Kategorien von Öl unterschieden wurde, und zwar hinsichtlich der verwendeten Olivensorte und des Reifegrads im Augenblick der Ernte und Pressung. Wie bei vielen anderen Produkten und kulinarischen Spezialitäten waren es die Römer als exzessive Olivenölkonsumenten, die die Klassifizierung und Bewertung der unterschiedlichen Ölsorten perfektionierten. Obwohl in Rom die geografische Herkunft der Früchte nicht unwesentlich war, spielte doch die Art der Ernte und Pressung die entscheidende Rolle. Und so blieb es bis vor einigen Jahren.

Ich erlaube mir einen Sprung von zweitausend Jahren in die Mitte des 19. Jahrhunderts, da in der Zwischenzeit hinsichtlich der Produktionsverfahren und Eigenschaften des Öls nicht viel passierte. Was auch auf den kommerziellen Aspekt zutrifft: Die Öle wurden nach Erntezeitpunkt, Eigenschaft der Oliven und Art der Pressung unterschieden. Es wäre auch schwer vorstellbar, was die potenziellen Konsumentinnen und Konsumenten sonst noch interessieren könnte, abgesehen vom Geschmack, der zu großen Teilen von den genannten drei Faktoren bestimmt wurde (und wird). Die geografische Herkunft hatte noch nicht die Bedeutung, die ihr bei der

Vermarktung von Olivenöl heute zukommt – genau genommen interessierte sie damals niemanden. Öl war eine Ware, die Groß- und Einzelhandelsunternehmen verfügbar machten, indem sie verschiedene Öle mischten, damit das Endprodukt so weit wie möglich einem bestimmten Standard entsprach.

Der Markt in den letzten Jahrzehnten des 19. Jahrhunderts war gekennzeichnet durch Produktionsstätten im gesamten Mittelmeerbereich, unzählige kleinen Ölpressen in Familienhand, deren Öl wenige Aufkäufer abnahmen, um es zu mischen und besagtes Standardprodukt zu erzielen, das innerhalb einer Provinz oder bestenfalls einer größeren Region verkauft wurde.

Einige Großhändler widmeten sich aber auch dem Vertrieb über mittlere und größere Distanzen. Die Fortschritte im Transportwesen, bei der Abfüllung und Konservierung verschafften diesen Händlern einen Vorteil und sorgten dafür, dass sie die Reichweite ihrer Geschäfte weiter ausdehnen konnten, sei es durch den Bezug von Öl aus immer entfernteren Gebieten oder durch wettbewerbsfähige Preise auf immer entfernteren Märkten. In diesen entscheidenden Jahrzehnten entstanden und etablierten sich die bekannten italienischen Olivenölmarken: Sasso 1860, Bertolli 1865, Carapelli 1893, Dante 1898 und Carli 1911.

Nicht ganz zufällig brachten es in Italien vor allem Unternehmen aus der Toskana und Ligurien zur Meisterschaft, Regionen, die zwar eine Tradition in der Ölproduktion vorweisen konnten, es aber nicht mit Sizilien und schon gar nicht mit Apulien aufnehmen konnten, das mengenmäßig seit jeher an der Spitze lag (und noch liegt). Natürlich waren die toskanischen und ligurischen Öle bereits seit einiger Zeit als besonders hochwertig bekannt, doch den Familien Novaro (Marke Sasso), Bertolli, Carapelli, Costa (Marke Dante) und Carli gelang es vor allem, ihren Handel auszuweiten, sei es durch vielfältige unternehmerische Aktivitäten, die ausreichend Kapital aus anderen Branchen einbrachten, sei es durch die Infrastruktur der Toskana und Liguriens, die unter anderem mit den Häfen Livorno und Genua eine größere Reichweite als andere italienische Regionen ermöglichten. Die genannten Unternehmen blieben im Wesentlichen reine Handelsunternehmen, die also das, was sie verkauften, nicht selbst produzierten, auch wenn sie zwischen den beiden Weltkriegen eigene Produktionsstätten aufbauten und unterhielten. Das selbst produzierte Öl, das ist wichtig zu betonen, stellte immer nur einen begrenzten Anteil des von diesen ersten großen Firmen verkauften Öls dar, während ein großer Teil des mit den entsprechenden Etiketten vermarkteten Öls in unterschiedlichen Gegenden rund ums Mittelmeer produziert wurde. Die Unternehmen kauften es zum bestmöglichen Preis auf, mischten es zu einem Standardprodukt, das durchaus auch eine gewisse

Qualität aufweisen konnte, und verkauften es da, wo sie Abnehmer fanden.

Die Geschichte der Costas ist in dieser Hinsicht ein Paradebeispiel. Mitte des 19. Jahrhunderts brachte die Genueser Familie nicht nur Öl von Sardinien nach Ligurien, sondern alle möglichen sardischen Produkte, die den Vorteil hatten, billig zu sein. Diese lukrativen Geschäfte setzten sie bis Ende des Jahrhunderts fort, wobei sie ihre Vermittlertätigkeit beständig ausbauten. Doch den großen Qualitäts- und Quantitätssprung machte die Firma erst ganz am Ende des Jahrhunderts, als der Markt der in Amerika lebenden Italiener immer wichtiger wurde. In dieser Zeit änderte man den Handelsnamen von »Olio Costa« in »Olio Dante«, der sicher besser geeignet war, bei den Emigranten eine Vorstellung von Heimat zu evozieren. Die Eigenschaften der Ware änderten sich dagegen nicht: Nach wie vor handelte es sich um eine Mischung von Ölen aus unterschiedlichen Mittelmeerregionen, und so blieb es bis heute, genau wie bei Caparelli, Bertolli, Carli, Sasso und so weiter. Es waren diese und keine anderen Öle, die Käuferinnen und Käufer bis zum Ende des Zweiten Weltkriegs in den Lebensmittelläden und, mit Beginn des Wirtschaftsbooms, in den Regalen der Supermärkte bis in die 1970er- und 1980er-Jahre hinein vorfanden.

Wer in Italien älter als vierzig ist, erinnert sich vermutlich daran, dass früher ein Olivenöl *extravergine*, *vergine* oder einfach *olio d'oliva* sein konnte – in diese drei Qualitätsstufen war der Markt für die unterschiedlichen Zielgruppen eingeteilt. Den Produzenten wäre es nie in den Sinn gekommen, genauer anzugeben, wie »italienisch« das Öl war oder gar, aus welcher Region und von welcher Sorte die Oliven stammten. Solche Informationen für den Verkauf wären auch gar nicht möglich gewesen, da es sich wie gesagt um Mischungen verschiedener Sorten und Herkunft handelte. Die kleinen Ölmühlen konnten durchaus geringe Mengen vor Ort verkaufen, doch der Großteil ihrer Produktion landete bei den großen Unternehmen und auf nationalen und internationalen Märkten. Es handelte sich in der Regel um kleine Familienunternehmen, die mehr mit Erfahrung und weniger mit vertrauenswürdiger Technik arbeiteten und sich um die Qualität wenig scherten, da ja später ein Industrieunternehmen große Partien aufkaufte und die eventuellen Mängel des Produkts chemisch ausglich. Paradoxerweise war das Markenöl damit meist besser und vor allem verlässlicher als das Öl direkt von der Ölmühle. Das Besondere, Typische war damals nicht so sehr ein Wert als vielmehr ein Problem.

Ende der 1980er-Jahre wurde dann alles anders. Und zwar diesmal, ohne dass sich der berühmte Satz aus Tomasi di Lampedusas *Leopard* – »Es muss sich alles ändern, damit alles bleibt, wie es ist« – bewahrheitete. Denn alles änderte sich, und damit änderte sich alles. Zuerst änderte sich die Agrarpolitik in Europa.

Bis dahin hatte die Europäische Gemeinschaft die Olivenölproduktion auf eine eher ungewöhnliche Weise gefördert und nicht mit dem Anreizsystem, bei dem für jeden Hektar, der mit einem bestimmten Getreide, Obst oder Gemüse bepflanzt wurde, eine Art Prämie gezahlt wurde. Für Olivenöl war stattdessen eine Aufstockung des Einkommens der Ölbauern vorgesehen, um die Differenz zwischen den Produktionskosten und den Einnahmen aus dem Verkauf an die verarbeitenden Betriebe auszugleichen. So sicherte man nicht nur den Produzenten ein Mindesteinkommen, sondern auch niedrige Marktpreise.

Die Gemeinsame Agrarpolitik (GAP) war in den 1950er-Jahren für einen Kontinent konzipiert worden, der Hunger hatte und dem es schon lange an vielen Lebensmitteln mangelte. Zu Beginn der 1980er-Jahre waren diese Probleme vor allem in Bezug auf Grundnahrungsmittel (insbesondere Getreide und Milch) weitgehend gelöst. Angesichts der hohen Kosten der GAP wurde zu Beginn der 1990er-Jahre eine Reform unumgänglich, um den Haushalt der neu geschaffenen Europäischen Union zu entlasten und zugleich die Überproduktion bestimmter Agrarprodukte zu stoppen. Was das Olivenöl (und einige andere Waren) betraf, gab es dieses Problem in Italien nicht, da die italienische Produktion aus strukturellen Gründen immer niedriger war als die heimische Nachfrage.

Nach langen Vorbereitungen trat 1992 die von EU-Kommissar Ray MacSharry ausgearbeitete Reform der GAP in Kraft, die wichtigste seit den Römischen Verträgen von 1957. Ohne genauer auf die Details einer Reform einzugehen, die die europäische Landwirtschaft in jeder Hinsicht revolutionierte, muss man festhalten, dass die Ausgleichszahlungen an die italienischen Olivenbauern deutlich zurückgingen, ohne dass die verarbeitende Industrie dies auch nur ansatzweise kompensiert hätte. Für die großen Unternehmen war die Herkunft des Öls ja völlig irrelevant, und das frühere Subventionssystem hatte definitiv nicht zu einer Produktionskettenpolitik beigetragen, von der Bauern, Zwischenhändler und verarbeitende Industrie gleichermaßen profitierten. In der Praxis hatten die Zuschüsse an die Olivenbauern, örtlichen Ölmühlen und großen Ölproduzenten bewirkt, dass die Beteiligten nicht kooperierten, da sie unterschiedliche Interessen verfolgten. Die Einkünfte der einen hingen nicht von denen der anderen ab.

Mit der Absenkung der Zuschüsse riskierte man das Verschwinden des Olivenanbaus in Italien, der einen wichtigen Pfeiler der Landwirtschaft vor allem Mittel- und Süditaliens darstellte. Deshalb entstand die Idee, durch Ursprungsbezeichnungen und Schutzsiegel, die einen Zusammenhang zwischen Ware und Herkunftsgebiet herstellten, ein wirksames Instrument zur Eindämmung, wenn nicht gar Umgehung dieser Krise zu schaffen. Eine durchaus vernünftige Überlegung: Wenn die italienische Ölproduktion preislich nicht mit der spanischen, griechischen oder nordafrikanischen mithalten konnte, warum sollte man sich dann nicht in einem Marktsegment positionieren, das mehr auf Qualität ausgelegt und weniger preissensibel war? Offensichtlich war das allerdings ein ganzes Stück Arbeit, denn wie ich gezeigt habe, zeichnete sich italienisches Öl bis dahin nicht unbedingt durch hohe Qualität aus. An erster Stelle standen Investitionen in die Technik, um die Qualitätsstandards zu verbessern – einerseits in den Olivenhainen, deren Pflege nie eine besondere Priorität genossen hatte, andererseits bei den örtlichen Ölmühlen, die nur über recht veraltete Pressen verfügten. Darüber hinaus musste eine Produktgeschichte her, aber das war das kleinere Problem, denn Historiker waren billig zu haben, und angesichts der Allgegenwart von Olivenbäumen in Italien sollte es doch recht einfach sein, passende Lokalgeschichten auszuarbeiten, die eine geschützte Ursprungsbezeichnung rechtfertigten.

Zur Beschäftigung mit der neuen EU-Agrarpolitik gesellte sich also die große (Wieder-)Entdeckung der lokalen Essens- und Weintraditionen als Instrumente des Standortmarketings. International begann der Kampf mit den anderen Produktionsländern, um die Überlegenheit des italienischen Olivenöls zu beweisen, so als ob ganz Italien bis dahin hundert Prozent italienisches Öl konsumiert hätte.

In jenen Jahren triumphierte allerdings nicht nur das »Made in Italy«, auch die einzelnen Regionen investierten beachtliche Summen in die Schaffung einer eigenen Identität. Es war der Kollateralschaden eines scheinbaren Föderalismus, der Italien ab den 1990er-Jahren erfasste. Kaum verhüllt ging es bei dieser Art der Identitätspolitik auch um die Ankurbelung des Tourismus, der Gegenden wieder Leben einhauchen sollte, die ansonsten völlig abgehängt zu werden drohten. Für viele Gebiete wurden die Olivenbäume, die man schon immer praktisch überall gepflanzt hatte, zu einem Element dieser neuen Identität.

Die Folgen sind allgegenwärtig: Es gibt heute in Italien etwa fünfzig DOP- oder IGP-gelabelte Öle. Schon 1996 wurden die ersten DOP-Siegel vergeben, und die Entwicklung ist noch lange nicht am Ende, zurzeit laufen noch etwa ein Dutzend Anerkennungsverfahren. Wenn das so weitergeht, hat in ein paar Jahren jeder einzelne Baum seine eigene Ursprungsbezeichnung. Das führt in der Tat zu einigem Unsinn, wie die Nachbarn *Olio Brisighella* und *Olio Colline di Romagna* bewiesen. Ersteres führt das DOP-Siegel seit 1996, letzteres erst seit 2003, aber wie bei einem beliebten Kinderrätsel müssen sich die Konsumentinnen und Konsumenten ganz schön anstrengen, um die sieben feinen Unterschiede zu entdecken. Das Gleiche gilt für das *Olio Valli Trapanesi* (DOP 1997), das *Val di Mazara* (2001) und das

Valle del Belice (2004). Oder für das *Olio Cilento* und das *Colline Salernitane*, denen das DOP-Siegel gleichzeitig 1997 zuerkannt wurde.

Fakt ist, dass es sich dabei um völlig neu entwickelte Produkte handelt, die mit den Ölen der Phönizier, Römer oder mittelalterlichen Mönche nichts mehr zu tun haben. Aber sie haben wie gesagt auch nichts mit den Olivenölen zu tun, die in Italien bis vor ein paar Jahren konsumiert wurden. Ich betone, dass diese ausgewählten Öle aus mit großer Sorgfalt entwickelten Herstellungsprozessen in vielen Fällen wirklich außerordentliche Produkte sind – nicht zu vergleichen mit den altbekannten Standardölen aus jedem beliebigen Supermarkt. Doch ganz sicher ist es nicht das DOP-Siegel, das sie zu etwas Besonderem macht, sondern – wie bei allem, was der sich Mensch ausdenkt – die Kompetenz und das Engagement der Produzenten.

V.

Echter Parmesan wird in Wisconsin hergestellt

Parmigiano Reggiano DOP ist eines der erfolgreichsten Lebensmittel der Welt. Seine unbestreitbare Attraktivität und der internationale Ruhm hängen ganz sicher mit seinem großartigen Geschmack und seiner tausendjährigen Geschichte zusammen. Zugleich jedoch gehört der Parmesan zu den Erzeugnissen, die sich in den letzten fünfzig Jahren besonders stark verändert haben. Der Käse, den wir heute essen, hat wenig bis gar nichts mit jenem zu tun, den wir noch vor einigen Jahrzehnten konsumierten und der mehr dem berühmt-berüchtigten Parmesan aus Wisconsin ähnelte, auf den ich noch zu sprechen kommen werde.

Die Geschichte des *Parmigiano Reggiano* auf wenigen Seiten zusammenzufassen ist praktisch unmöglich. Dieser Käse mit all seinen Bezeichnungen, die er im Lauf der Zeit erhalten hat, ist vermutlich das einzige Produkt, dessen Entwicklung sich über einen Zeitraum von tausend und mehr Jahren erzählen lässt. Das zu tun, hat er verdient, zumal auch in diesem Fall auf einige verbliebene Unklarheiten hinzuweisen ist und es wie immer mit ein paar Mythen aufzuräumen gilt.

Zu Beginn ein ganz unbefangener Vorschlag: Lassen wir mal die Römer beiseite, insbesondere Plinius und Martial, die hin und wieder zitiert werden, um zu belegen, in welchem Winkel der Po-Ebene bereits in der Antike Käse hergestellt wurde. Das nämlich ist wirklich eine Binsenweisheit, denn wo immer auf der Welt es Milch gab, stellte sich das Problem ihrer raschen Verderblichkeit. Das Gerinnenlassen durch Ausfällen des Kaseins mithilfe von Säure oder Lab (zur Herstellung von Käse) oder die Fermentation (für Joghurt) sind seit Jahrtausenden die üblichsten Verfahren – weltweit, nicht nur in der Gegend von Parma.

Fest steht, dass »Käse aus Parma« bereits im Mittelalter durchaus gerühmt und wertgeschätzt wurde, was sowohl Erwähnungen literarischer als auch kaufmännischer Provenienz zweifelsfrei belegen. Allseits bekannt ist eine Beschreibung aus der Mitte des 14. Jahrhunderts: In Boccaccios *Dekameron* gibt es ein Schlaraffenland namens *Bengodi* (»Wohlbekomm's« in einer deutschen Übersetzung), dessen Gebirge aus geriebenem Parmesan besteht. Weniger bekannt ist die Buchhaltung einer reichen Familie toskanischer Händler, ebenfalls aus dem 14. Jahrhundert, in der die Einkäufe sämtlicher Lebensmittel, die die

Familie konsumierte, aufgeführt sind, inklusive des Käses.

Die spätmittelalterlichen Quellen geben ein beredtes Zeugnis vom guten Ruf, den Käse aus Parma nicht nur in Italien, sondern in ganz Europa genoss. Nicht ganz leicht zu erschließen ist allerdings, wie verbreitet der Parmesan über seine Ursprungsregion hinaus tatsächlich war. Und hier muss ich sogleich die Diskussion einiger bedeutsamer Fragen eröffnen, die wir bis zum Ende der Geschichte mitschleppen werden: Wie war dieser Käse beschaffen? Wie viele Laibe wurden in Parma und Umgebung hergestellt? Und wie groß waren diese?

Um diese Fragen zu beantworten, vor allem die zweite und dritte, können wir uns auf präzise Zahlen nicht verlassen, denn Zahlen aus der Zeit vor Beginn der industriellen Revolution haben bekanntermaßen die Verlässlichkeit eines Horoskops. Man muss also mit Näherungswerten arbeiten.

Konzentrieren wir uns auf das Vorhandene: Die ersten halbwegs genauen Zahlen stammen erst aus der Mitte des 19. Jahrhunderts. Auch wenn sie, um es klar zu sagen, noch keine besonderen Aussagen zulassen, kann man zumindest zwei Rechnungen anstellen. Doch auch dabei stellt sich schon ein kleines Problem: Da der Parmesan bereits seit mehreren Jahrhunderten internationales Renommee genoss, war einerseits zu Beginn des 17. Jahrhunderts eine Art Herkunftssiegel entstanden, andererseits ist gleich im folgenden Jahrhundert bei der Produktion ein Rückschlag zu verzeichnen, offenbar nicht nur in quantitativer, sondern auch in qualitativer Hinsicht. Glaubt man den Leuten aus Parma, waren die Franzosen schuld, die kaiserlichen Truppen, die Kriege, Krankheiten der Rinder, das Steuersystem und vieles mehr. Man könnte noch Überschwemmungen und Heuschrecken hinzufügen, dann würde es sich anhören wie John Belushi in den *Blues Brothers.* Zieht man einmal die allgemeine italienische Neigung zum Lamentieren ab, trifft ganz sicher zu, dass diverse ungünstige Umstände die Rinderzucht in der Gegend von Parma und Modena schon seit den ersten Jahrzehnten des 17. Jahrhunderts beeinträchtigten.

Womit wir beim ersten Knalleffekt wären: Ab der zweiten Hälfte des 18. Jahrhunderts sprach niemand mehr vom Parmesan; die ganze Aufmerksamkeit und den Ruhm sahnten die Käse aus Lodi und mehr noch aus Piacenza ab. Daten und Fakten sind wie gesagt karg und fragmentarisch, aber alles deutet darauf hin, dass in Parma und Umgebung zu dieser Zeit überhaupt wenig Käse produziert wurde, und wenn, dann konnte er nicht mit der Qualität und dem internationalen Ruf des *Lodigiano* konkurrieren. Interessanterweise war ab Mitte des 19. Jahrhunderts die Anzahl der Milchkühe im Verhältnis zur landwirtschaftlichen Nutzfläche im Gebiet von Parma die niedrigste in der ganzen Emilia-Romagna, sogar niedriger als in Gegenden, die alles andere als bekannt für die Produktion von Milch und Milchprodukten war, wie Forlì und Ravenna. Die Herstellung von Milch und Molkereiprodukten stieg in der Provinz Parma erst mit Beginn des 20. Jahrhunderts wieder an. Die vorhandenen Daten sprechen eine deutliche Sprache: In einem Zeitraum von etwa einhundertfünfzig Jahren war die Käseproduktion in Parma und Umgebung offenbar so gut wie zum Erliegen gekommen. Was durchaus von Relevanz ist, wäre dann doch der wahre Erbe des von Boccaccio erwähnten Käses eher der heutige *Grana Padano* als der *Parmigiano Reggiano.*

Die Renaissance der Tierhaltung in Parma am Ende des 19. und vor allem zu Beginn des 20. Jahrhunderts, mit dem daraus folgenden Wachstum des Milch- und Molkereisektors, hat mehrere Gründe. Vor allem muss die Gründung der *cattedra ambulante di agricoltura* in Parma im Jahr 1892 hervorgehoben werden, ein landwirtschaftliches Bildungsinstitut, das sich vor allem an kleine Höfe und Halbpächter wandte und moderne Agrartechniken in der gesamten Provinz bekannt machte. Dazu kommen technische Verbesserung durch eine fortschreitende Mechanisierung und nicht zuletzt die Etablierung von Kooperativen und Genossenschaftsmolkereien.

Am Vorabend des Ersten Weltkriegs hatte das die Provinzen Parma, Reggio Emilia, Modena und Mantua umfassende Gebiet in Rinderhaltung und der Erzeugung von Milch und Milchprodukten im landesweiten Vergleich ein exzellentes Niveau erreicht. Zwischen den beiden Weltkriegen bekam der dort hergestellte Käse endgültig die Bezeichnung *Parmigiano Reggiano* und 1938 wurde das erste Konsortium zu seinem Schutz gegründet, das seine herausragende Qualität für immer garantieren sollte.

Na dann ist ja alles in Butter, oder? Können wir also sagen, dass abgesehen von jener Lücke von einhundertfünfzig Jahren die Abfolge der Ereignisse geklärt und außerdem der wunderbare, von den mittelalterlichen Dichtern besungene und von den Herrschaften in ganz Europa begehrte Käse nach langer Wanderschaft durch die Po-Ebene nach Hause zurückgekehrt ist? Mitnichten! Denn wie gesagt bleibt das Problem seiner Beschaffenheit: Dazu müssen wir herausfinden, was für ein Käse jener *Parmigiano Reggiano* vor und nach seiner Wiederauferstehung im 19. Jahrhundert eigentlich war.

Ich möchte hier nicht mit Überlegungen zu den Rinderrassen und ihrer Fütterung langweilen, die allein schon zu der Annahme führen müssen, der Parmesan des 18. und 19. Jahrhunderts sei ein anderer Käse gewesen als der des 20. Jahrhunderts. Es versteht sich von selbst, dass andere Rinderrassen und anderes Futter die Eigenschaften der Milch und damit auch die des daraus gemachten Käses beeinflussen. Eines zumindest lässt sich als physiologisches Faktum festhalten: Holstein-Kühe geben etwa doppelt so viel Milch wie die italienischen Rassen, was die Züchter im Lauf des 20. Jahrhunderts selbstverständlich dazu brachte, die weniger produktiven Rassen durch produktivere zu ersetzen. Wenn sich damit auch die Eigenschaften der Milch änderten, konnten sich damit offenbar alle arrangieren.

Tatsächlich geht die Frage nach den Eigenschaften des Parmesankäses viel tiefer und hängt nur zum Teil mit einer besseren Verfügbarkeit des Ausgangsprodukts oder mit Veränderungen durch neue Rinderrassen und ihre Fütterung zusammen. Ein Blick in die mittelalterlichen Quellen belegt, wie sehr sich der Käse aus Parma von damals vom *Parmigiano Reggiano*, wie wir ihn heute im Supermarkt angeboten bekommen, unterschied. Heute wiegt ein ganzer Käse etwa vierzig Kilo, im Mittelalter gingen die Laibe selten über zehn Kilo hinaus, im Durchschnitt wogen sie sieben. Außerdem deutet alles darauf hin, dass dieser alte Käse im Vergleich zu heute deutlich fetter und weicher, wenn auch gerade noch zum Reiben geeignet war. Im Übrigen behielt er diese Konsistenz bis mindestens nach Ende des Zweiten Weltkriegs und ähnelte damit anderen weicheren Käsesorten, die in Scheiben geschnitten werden und nicht in Späne (wie man Käse vom Typ *Grana* heute serviert). Es darf nicht vergessen werden, dass ein Parmesan von Qualität wie ein *Lodigiano* den berühmten Tropfen bilden sollte (*fare la goccia*, das heißt cremig und fett genug sein, um ein klein wenig zu laufen).

Die Laibe von *Parmigiano* und *Lodigiano* und auch des späteren *Grana Padano* wurden seit dem Zweiten Weltkrieg immer schwerer, vermutlich aus Gründen besserer Haltbarkeit und Stabilität, aber auch wegen einer zunehmenden Standardisierung in den Käsereien. Dieses Wachstum ist allerdings insbesondere in den letzten fünfzig Jahren festzustellen. Bis zum Zweiten Weltkrieg wog ein Parmesanlaib etwa zwanzig Kilo und wurde zur Konservierung mit einer speziellen Mischung aus Öl und Asche bedeckt. Bis in die 1960er-Jahre hatte man beim Parmesan typischerweise ein relativ kleines Rad mit komplett schwarzer Rinde.

Moment mal: Ein eher weicher Käse, Laibe von etwa zwanzig Kilo Gewicht, schwarze Rinde … hmmm … wo hat man das schon mal gesehen? Genau, beim Parmesan aus Wisconsin! Auch in diesem Fall ist das leicht zu erklären: Unter den vielen Italienern, die an der Wende vom 19. zum 20. Jahrhundert nach Amerika emigrierten, befanden sich bestimmt auch ein paar Käser oder jedenfalls Männer und Frauen, die wussten, wie man Käse macht. Unter allen amerikanischen Bundesstaaten war es traditionell Wisconsin, wo Leute mit derlei Kompetenzen am ehesten Arbeit fanden. Und so beschlossen einige der dort Eingewanderten, möglicherweise nachdem sie einige Zeit bei einem amerikanischen Unternehmen angestellt waren, sich selbstständig zu machen und den Käse herzustellen, den sie kannten, also Parmesan oder Grana, wie er damals in ihrer Heimat produziert wurde. In den 1930er-Jahren entstanden in Wisconsin eine Reihe von Käsereien mit offensichtlich italienischen oder, genauer gesagt, für die Po-Ebene typischen Namen. Sie brachten »ihren« Käse mit dem englischen Namen auf den Markt, der ihrer eigenen Erinnerung am nächsten kam, nämlich *Parmesan.*

Dieser Käse hatte erfreulicherweise sofort einen Riesenerfolg auf dem nordamerikanischen Markt, weswegen nicht nur italienische, sondern nach und nach auch immer mehr amerikanische Käsereien ihn herstellten, und zwar mit genau den Eigenschaften, die ihn berühmt gemacht hatten. Bis in die Nachkriegszeit blieben der italienische und der amerikanische Parmesan gleich (wenn auch der Italiener nichts von seinem amerikanischen Zwillingsbruder wusste), von den durch das Grundprodukt Milch bedingten Unterschieden einmal abgesehen. Seit den 1960er-Jahren machten jedoch *Parmigiano Reggiano* und *Grana Padano* eine außerordentliche Entwicklung durch. Die Größe der Laibe nahm zu, man akzentuierte die Eigenschaften, die den Käse über den direkten Genuss hinaus auch zum Kochen geeignet machten, und die Methoden der Konservierung und Alterung verbesserten sich, was die schwarze Öl-Asche-Mischung überflüssig machte. Auch der *Parmigiano* hatte wie der amerikanische Parmesan einen nicht mehr aufzuhaltenden Erfolg auf dem heimischen wie dem internationalen Markt, die Vereinigten Staaten eingeschlossen.

Ein funktionierendes Marketing, das neben der Natürlichkeit und Tradition der Produkte auch ihren offenkundigen Nährwert und den ausgezeichneten Geschmack betonte, hat aus *Parmigiano* und *Grana* innerhalb kürzester Zeit die weltweit erfolgreichsten kulinarischen Spezialitäten Italiens gemacht. Und der amerikanische Parmesan? Der arme Kerl ist so eine Art hässliches Entlein, das zu Beginn genauso war wie seine Geschwister, doch dann haben die sich geändert und er nicht. Er behielt seinen alten Geschmack und den schwer auf ihm lastenden Namen, der ihm in Italien so viel Feindschaft einträgt. Doch wer wissen will, wie der Parmesan von früher schmeckt, muss nach Wisconsin reisen und nicht nach Parma.

VI.

Seine Majestät Marsala von England

Der Marsala hat bekanntermaßen englische Wurzeln, und dem ehemaligen Konsortium zum Schutz des Marsala muss man zubilligen, dies auch immer ganz offen kommuniziert zu haben. Der Versuchung, ihm doch einen Ursprung in der Antike nachzuweisen, einen römischen, griechischen oder gar phönizischen, kann die offizielle Geschichtsschreibung nicht gänzlich widerstehen, doch im Zusammenhang mit regionalen Spezialitäten sind solche narrativen Undiszipliniertheiten mit einem unbeherrschbaren körperlichen Reflex vergleichbar.

Grob gesagt ist die Geschichte dieses Likörweins ziemlich kurz. Zwar wurde in Sizilien immer ein bisschen Wein gekeltert, aber im Mittelalter und in der Moderne geriet die Produktion lange in Vergessenheit. Der Unternehmer, der allgemein als der Entdecker des Marsalas gilt (vielleicht sollte man ihn besser als seinen Erfinder bezeichnen), war John Woodhouse, ein Händler aus Liverpool, der 1770 in Sizilien landete, nachdem er sich zuvor im gesamten Mittelmeerraum herumgetrieben hatte. Die erste Weinsendung ging 1773 aus dem Hafen von Marsala nach Großbritannien, und der Mythos besagt, der Wein, den die Engländer schließlich tranken, habe sich deutlich von dem unterschieden, den Woodhouse in die ersten dreißig Fässchen gefüllt hatte und auf eine Brigg namens Elizabeth laden ließ. Tatsächlich hatte Woodhouse vor der Verschiffung jedem Fass zwei Gallonen reinen Alkohol zugefügt, um für die Reise eine bessere Haltbarkeit sicherzustellen. 4,5 Liter Alkohol auf 415 Liter Wein: ein nicht unwesentlicher Zusatz, aus dem ein Likörwein entstand, der dem englischen Geschmack bereits sehr nahekam.

Der Erfolg dieser ersten Ladung war auch der Tatsache geschuldet, dass Woodhouse den Namen und Ursprung des Produkts nicht genau angab, was den Wiederverkäufern ermöglichte, ihn als Madeira zu etikettieren. Der Marsala, geben wir es ohne Umschweife zu, begann seine jahrhundertealte Karriere somit als Fälschung. Dazu muss man wissen, dass Madeira bereits seit Mitte des 18. Jahrhunderts der begehrteste Wein auf dem englischen Markt war, dem finanzstärksten weltweit. Zur Profitsteigerung verschnitten ihn daher viele Unternehmer ohne Skrupel mit billigeren Weinen, oder sie versuchten, Weine mit einem ähnlichen Geschmack in kostengünstigeren Regionen zu produzieren, um ihn dann in England als Original-Madeira zu verkaufen.

Abgesehen davon waren Produzenten, Zwischenhändler und Endverkäufer in dieser Zeit sowieso unermüdlich damit beschäftigt, Weine zu kreieren, die den Geschmack der verschiedenen Käuferschichten Großbritanniens trafen. Man sah sich also nicht nur nach anderen Anbaugebieten um, sondern versuchte sich auch an neuen Mischungen und experimentierte mit neuen Kelter- und Lagermethoden.

Fakt ist, dass man den Marsala bis zum Ende des 18. Jahrhunderts und ein wenig darüber hinaus nicht unter diesem Namen vertrieb. Im Gegenteil, viel wahrscheinlicher kam der gespritete Wein aus der Provinz Trapani völlig anonym in den Docks von London an, um als etwas anderes verkauft zu werden. Auf dem englischen Markt tauchte er dann auf wundersame Weise in unterschiedlicher Machart wieder auf, entweder als richtige Fälschung, beispielsweise als Madeira bezeichnet, oder sozusagen als Cuvée, für die man teurere Weine mit Marsala verschnitt, die dann selbstverständlich zu dem höheren Preis verkauft wurden.

Bereits in den ersten Jahren des 19. Jahrhunderts entwickelte der in Sizilien von der Firma Woodhouse produzierte Wein – auch wenn auf den Absatzmärkten nie von »Marsala« die Rede war – nach und nach eine eigene Identität, da man ihm Bezeichnungen verlieh, die ihn in die Nähe des Madeira rückten: In England wurde er als »Bronte Madeira« verkauft (warum, erkläre ich gleich), in den USA als »Sicily Madeira«.

In der Geschichte des Marsala (sowohl beim Produkt als auch bei seiner Bezeichnung) haben noch andere Faktoren eine wichtige Bedeutung: Unter anderem spielte die berühmte Lieferung von 500 *pippe* (*pippa* ist das traditionelle 400 Liter fassende sizilianische Weinfass) am 19. März 1800, bestellt von Admiral Horatio Nelson für die britische Flotte im Mittelmeer, eine Schlüsselrolle für den Wein von Woodhouse. Denn infolge der Probleme, die Napoleons Seeblockade bei der Versorgung der englischen Marine mit den gewohnten Weinen (speziell Port und Madeira) verursachte, fiel die Wahl stattdessen auf den Rebensaft aus Sizilien. Damals bekam Woodhouses Produkt den Namen »Bronte Madeira« – zu Ehren des Admirals, der nur wenige Monate zuvor zum Herzog von Bronte ernannt worden war. Diese Bezeichnung und das zugehörige Testimonial von geradezu legendärem internationalen Ruhm waren mitverantwortlich für den wachsenden Erfolg des sizilianischen Weins auf dem englischen Markt. Vor 1799 jedenfalls konnte die Bezeichnung »Bronte Madeira« nicht existieren.

In dieser Ära tritt ein weiterer englischer Händler auf den Plan. Benjamin Ingham aus York, der 1812 ein Weingut in der Nähe des Terrains kaufte, auf dem Woodhouse seine önologischen Aktivitäten gestartet hatte. Ingham verbesserte die Qualität des Marsalas gewaltig, indem er einen Text veröffentlichte, der als *Inghams Zehn Gebote* in die Geschichte einging. Er wollte allzu große geschmackliche Differenzen zwischen den Jahrgängen seines Weins vermeiden und zugleich die Produktionskosten weiter senken sowie seinen Gewinn steigern. Das Vorgehen beim Anbau und bei der Ernte der Trauben sowie eine gewisse Experimentierfreude beim Keltern hatten aus dem Marsala nämlich einen Wein mit allzu flexiblen Eigenschaften gemacht, weswegen er nur für eine weniger anspruchsvolle Käuferschicht und zum Verschnitt taugte. Inghams zehn Gebote, die in Wahrheit *Kurze Unterweisung hinsichtlich der Weinlese zur Verbesserung der Weinqualität* hießen, enthielten Vorschriften vom Anbau über die Ernte und die ersten Schritte bei der Verarbeitung der Trauben bis hin zur Herstellung des Mosts.

Inghams entscheidender Beitrag zur Geschichte des Marsalas war die Einführung der Solera-Methode. Dabei handelt es sich um ein Herstellungsverfahren, das zu seiner Zeit bereits in Spanien (für Sherry) und Portugal (für Port), aber auch in Südfrankreich angewandt wurde: Es bestand in einem »kontrollierten« Reifeprozess, bei dem kontinuierlich Wein aus Fässern, die direkten Bodenkontakt hatten (den *soleras*), durch die gleiche Menge jüngeren Weins aus direkt darüber gelagerten Fässern (den *criaderas*) ersetzt wurde. Je mehr Fassreihen übereinander zur Verfügung standen, desto besser ließen sich die gewünschte Mischung und ein gleichbleibendes Endprodukt erzielen. In technischer Hinsicht kann

Ingham mit der Einführung des Solera-Systems als der eigentliche »Erfinder« des Marsalas bezeichnet werden, dem es die anderen Produzenten, Woodhouse eingeschlossen, bald nachtaten. Muss ich nochmals betonen, dass Marsala von Engländern nach spanischen und portugiesischen Methoden hergestellt wurde? Viel Sizilianisches hatte der Wein jedenfalls nicht, von der Herkunft der Trauben einmal abgesehen. Zwar hielten sich auch nach Inghams Intervention die Bezeichnungen »Bronte Madeira« und »Sicily Madeira«, doch zugleich tauchte erstmals der Name »Marsala« auf.

Bis dahin und noch eine ganze Zeit lang schien für lokale Produzenten in dem Geschäft kein Platz zu sein. Das ungleiche Verhältnis zwischen englischen und sizilianischen Unternehmen hatte bis zum Beginn der 1830er-Jahre Bestand. Zu den bereits eingeführten Firmen Woodhouse und Ingham kamen innerhalb weniger Jahre Hopps, Withaker (ein Neffe und späterer Geschäftspartner Inghams), Payne, Corlett, Pink, Clarkson, Wood und viele mehr, die sich alle in der Region um Trapani ansiedelten, um Wein nach englischem Geschmack zu produzieren. Erst 1834 kauften Vincenzo Florio und der Palermitaner Raffaele Barbaro ein Gut in Marsala und gründeten »eine offene Handelsgesellschaft mit einem Kapital von 10.000 Dukaten, um eine Fabrik zur Herstellung von Wein in der Art von Madeira aufzubauen«. Dass die ersten sizilianischen Unternehmen im Weingeschäft keine Bedenken hatten, die Imitation von Madeira als Geschäftsziel anzugeben, sagt alles über das Renommee, das Wein aus Sizilien in jener Zeit besaß. In jedem Fall konnte die Firma Florio, die sich zehn Jahre später bereits etabliert hatte und ihre Produkte vor allem nach England verkaufte, weder bei der Herstellungsmenge noch beim Umsatz auch nur entfernt mit den wichtigsten englischen Konkurrenten mithalten. Noch 1855 produzierte die Casa Florio nur etwa ein Drittel der Menge von Ingham und auch deutlich weniger als Woodhouse.

Die Entwicklung, die zu einer eigenen Identität und zur Befreiung aus der Abhängigkeit der anderen bereits berühmten Weine führte, ist insofern ausschließlich den Engländern zuzuschreiben, wenn man bedenkt, dass der Name »Marsala« zwischen 1850 und 1860 endgültig die Oberhand über die anderen madeirabezogenen Bezeichnungen gewann. Zugleich verbreitete sich der Einsatz von Dampf bei der Verarbeitung der Trauben und des Mosts ebenso wie bei der Vermischung. Die fortschreitende Mechanisierung trug zur Standardisierung des Produkts und einer zunehmenden qualitativen Ausdifferenzierung unterschiedlicher Marsalatypen bei. Bis in die 1820er- und 1830er-Jahre gab es bei den von Woodhouse und Ingham produzierten Weinen vor allem zwei Sorten: *secco* und *dolce*, ergänzt von der Bezeichnung »L.P.« *(London Particular)*, die Weine trugen, die ausschließlich für den englischen Markt bestimmt waren und einen höheren Alkoholgehalt hatten. Der trockene Marsala nach traditioneller englischer Definition hatte (und hat noch heute) den Namen »S.O.M« (*Superior Old Marsala*), während der süße später die italienische Bezeichnung »G.D.« (*Garibaldi Dolce*) bekam.

Bis zum Ende der 1880er-Jahre expandierten die Firmen der Gegend um Trapani ununterbrochen, und die Zahl der Fässer steigerte sich von 180.000 im Jahr 1861 auf mehr als 500.000 im Jahr 1884. Nicht nur das Ausfuhrvolumen wuchs, auch geografisch weiteten sich die Absatzmärkte merklich über England und die USA bis nach Südamerika, Nordeuropa und Frankreich aus. Marsala blieb folglich ein für den Export bestimmtes Produkt. Die zwei führenden Hersteller, Ingham (inzwischen Ingham Whitaker) und Woodhouse, vertrieben zwischen siebzig und neunzig Prozent ihrer Ware im Ausland, nur Florio platzierte etwa zwei Drittel der Produktion gezielt auf dem italienischen Markt. Mehr noch als die Ausbreitung der Reblaus war es vor allem die Rückkehr zum Protektionismus in den 1880er-Jahren (und insbesondere der Handelskrieg mit Frankreich), der den seit Mitte des Jahrhunderts ungebrochenen Aufwärtstrend abrupt stoppte. Doch zu Beginn des 20. Jahrhunderts hatte man die Krise bereits hinter sich gelassen, und diverse Kennzahlen deuten auf eine starke Ausweitung der Produktion bis zum Kriegsbeginn hin, die sich in den 1920er-Jahren trotz der Prohibition in den USA nochmals steigerte. Mit zunehmender Quantität ließ allerdings die Qualität nach, eine Entwicklung, die sich schon Ende des 19. Jahrhunderts angedeutet hatte, als zahlreiche Firmen auf den Markt drängten, die sich an eine anspruchslosere Käuferschaft richteten, und zugleich die Bedeutung der alteingesessenen anglo-sizilianischen Firmen abnahm.

Die Geschichte des Marsalas, seine Wurzeln und seine Entwicklung, sind also zumindest bis ins 20. Jahrhundert hinein eng verknüpft mit einem Bild von Modernität, das er auf den internationalen Märkten (und insbesondere dem englischen und amerikanischen) verbreitete. Auch die »Testimonials« waren gewissermaßen mit den Ideen von Veränderung und Stärke verknüpft, die der industriellen Revolution und den großen historischen Entwicklungen des 19. Jahrhunderts innewohnten. Persönlichkeiten wie Horatio Nelson oder Giuseppe Garibaldi, mit denen man wie geschildert den Marsala verband, evozierten Vorstellungen von revolutionärer Energie und Modernität. Und dies sicherte dem Wein abgesehen von seinen Produkteigenschaften den internationalen Erfolg bis mindestens zum Ersten Weltkrieg.

Unter anderem der Druck Richtung Automatisierung und Standardisierung, der von den Ansprüchen der wichtigsten Absatzmärkte ausging, ließ keinen Raum für Vorstellungen eines handwerklichen Herstellungsprozesses, bei dem die Erfahrung eines einzelnen Erzeugers für die Qualität des Endprodukts relevant sein könnte. Ganz im Gegenteil: Beim Marsala handelte es sich um einen Wein, bei dem der Einsatz der zur damaligen Zeit fortschrittlichsten Technik und Methoden seine unveränderlichen Eigenschaften garantierte.

Dies begann sich erst nach Ende des Ersten Weltkriegs zu ändern. Und ganz sicher hängt der Imagewandel des Marsalas vom modernen zum traditionellen Wein auch damit zusammen, dass sein Absatz sich langsam, aber kontinuierlich ins Inland verschob und er zugleich an Reputation verlor. Die Geld- und Handelspolitik des faschistischen Italiens, zu der die berüchtigte *Quota 90* (mit der Mussolini 1926 einen Wechselkurs von einem britischen Pfund zu neunzig Lire anstrebte) gehörte, sowie die Rückkehr zum Protektionismus schadete neben anderen Gütern auch dem Marsala, der noch immer zu großen Teilen exportiert wurde. Dazu kam weltweit eine protektionistische Welle infolge der Wirtschaftskrise von 1929, die die Verdrängung des Marsalas von den internationalen Märkten fortsetzte. Am Ende des Zweiten Weltkriegs war der sizilianische Wein aus England und Amerika praktisch verschwunden. In Frankreich hielt er sich mit Müh und Not, aber vorwiegend als Zutat zu bestimmten Gerichten, weniger als Getränk.

Die Veränderungen im Handel, zu denen es zwischen den beiden Weltkriegen gekommen war, führten zugleich zu einer »Wesensveränderung« dieses

Weins. Damit der Marsala zu einem italienischen Produkt werden konnte, das auch in Italien selbst konsumiert wurde, musste man irgendwie das Englische und Industrielle seines Ursprungs aus dem Narrativ entfernen. Noch dazu hatte die Propaganda des faschistischen Regimes von Anfang an darauf abgezielt, das Heute mit dem mehr oder weniger ruhmreichen Gestern der verschiedenen italienischen Regionen und vor allem dem Glanz des alten Roms in Übereinstimmung zu bringen. So gesehen war man nicht wählerisch: Jeder Bezug zur Vergangenheit, der eine wie immer geartete Überlegenheit des Italienischen belegen konnte, wurde gefeiert und überhöht. In der auf die »ungerechten Sanktionen« der »plutokratischen Demokratien« folgenden Logik der Autarkie konnte man umso weniger zugeben, dass ein italienischer Wein in Wahrheit die Erfindung des »perfiden Albions« war.

Mehr und mehr schrumpfte also die Rolle, die man den Engländern in der Marsala-Geschichte zugestand, und parallel dazu verloren englische Unternehmen auch real bei der lokalen Weinproduktion an Bedeutung. Die alteingesessenen englischen Familien gaben ihre Firmen auf, und nach Fusionen, Heiraten und Namenswechseln blieb von den traditionellen englischen Etiketten nur ein einziges übrig.

Diese »Italianisierung« kann man mit dem Vorabend des Zweiten Weltkriegs als abgeschlossen betrachten, und zwar sowohl aus wirtschaftlich-unternehmerischer Sicht mit dem Verschwinden der englischen Marken als auch aus historisch-narrativer Sicht mit der Wiederentdeckung des *vinum in perpetuum*, dessen Erfindung man tatsächlich den Karthagern zuschreibt und der von da an als direkter Vorläufer des Marsalas galt. Mit der Neudefinition des Weins, der Neuschreibung seiner Ursprünge und der Neupositionierung auf dem italienischen Markt ging ein Qualitätsrückgang einher. Die Verbreitung von Rezepten für *Scaloppine al Marsala* (Schnitzel in Marsalasauce) oder unterschiedlich aromatisierten *Marsala all'uovo* (ein italienischer Eierlikör auf Marsalabasis) sind nur Stationen auf einem langen Weg des Niedergangs, der einen der weltweit verbreitetsten Likörweine in ein Mittelding zwischen Stärkungsmittel und Kochzutat verwandelte. Selbst nach Gründung des Schutzkonsortiums und der Anerkennung des DOC-Status im Jahr 1969 setzte sich diese Entwicklung noch fort.

Seine Glaubwürdigkeit und Qualität gewann der Marsala erst in den letzten Jahren dank der Bemühungen einiger weniger mutiger Produzenten zurück. Doch wie bei vielen Erzeugnissen, die kürzlich eine Renaissance erlebten, hat der Marsala, den diese lokalen Keltereien herstellen, wenig mit dem Wein zu tun, der ebenfalls das DOC-Siegel tragen darf, aber von großen italienischen Firmen produziert wurde und wird und noch immer den größten Marktanteil hat.

VII.

Wenn roher Schinken zum Bumerang wird

In Italien gibt es zurzeit acht Rohschinken, die ein DOP-Siegel tragen, und drei mit der Bezeichnung IGP. Hinzu kommt der *Prosciutto di Cinta Senese* (eine italienische Schweinerasse) und der *Culatello di Zibello* DOP, bei dem es sich um einen Schinken handelt, der nur aus einem bestimmten Teil der Schweinekeule hergestellt wird. Auf Anhieb würde man vermuten, alles habe mit dem Parmaschinken angefangen und die anderen zehn (DOP und IGP) seien dann in seine Fußstapfen getreten, doch ich möchte zeigen, dass das so nicht stimmt. In der Tat hat der Parmaschinken Schule gemacht, aber ausschließlich in Sachen Marketing und Branding.

Um die Geschichten dieser Schinkensorten zu erzählen, muss man in der Antike beginnen, doch dann sollte man zügig zur Gegenwart gelangen, wo man auf das eine oder andere Problem stößt, beispielsweise, dass es für einige Schweinehalter nicht mehr möglich ist, überhaupt die Gewinnzone zu erreichen, wenn sie sich an die für bestimmte Siegel geltenden Herstellungsvorschriften halten. So weigern sich beispielsweise die Schweinezüchter im Friaul, ihre Keulen an das San-Daniele-Konsortium zu liefern, da die Regeln zu streng und die Produktionskosten so hoch sind, dass selbst die höheren Preise, die das Konsortium zu zahlen bereit ist, sie nicht decken können. In der Folge kommt das Fleisch für den San-Daniele-Schinken zum Teil von ausländischen Produzenten, die in der Lage sind, diese Vorschriften einzuhalten – was auch auf einige andere Schinken zutrifft. Um zu illustrieren, wie das Regionaltypische zum Bumerang werden kann, werde ich die Fäden zu entwirren versuchen und klären, wie es zu dieser gewissermaßen absurden Situation kommen konnte.

Heute gibt es folgende Rohschinkensorten mit DOP-Siegel: Parma und Modena aus der Emilia, Carpegna (Marken), San Daniele (Friaul), Toscano, *Crudo di Cuneo* (Piemont), Berico-Euganeo (Venetien) sowie Vallée d'Aoste Jambon de Bosses (Aostatal). Die IGP-Schinken sind Norcia (Umbrien), Sauris (Friaul) sowie Amatriciano (Latium). Der *Crudo di Cuneo* erhielt sein DOP-Siegel 2009, die anderen Sorten haben es bereits seit 1996, während die drei IGP-Schinken das Siegel 1997 zuerkannt bekamen. Zusammengenommen handelt es sich um eine gute und ausgewogene Auswahl aus Nord- und Mittelitalien, aus Regionen, in denen die Erzeugung und

Verarbeitung von Schweinefleisch flächendeckend verbreitet ist.

Lustigerweise klingen die Verlautbarungen der unterschiedlichen Schutzkonsortien und einzelnen Schinkenproduzenten alle gleich, sie alle rechtfertigen die regionaltypische Besonderheit ihres Produkts mit den mehr oder weniger gleichen Argumenten.

Beim *Prosciutto di Modena* fängt man beispielsweise bei den Kelten an, da man selbstverständlich keinesfalls hinter den lästigen Nachbarschinken aus Parma zurückfallen wollte, dessen Erfindung üblicherweise den Römern zugeschrieben wird:

> Die Wurzeln des Schinkens aus Modena reichen bis tief in antike Zeiten, wahrscheinlich bis in die Bronzezeit zurück: Erste Belege stammen aus der Zeit der Kelten, die die Konservierung von Fleisch mit Salz einführten [...]

Zweitplatzierter ist der *Prosciutto Toscano*, für den skrupellos der gute alte Karl der Große angeführt wird:

> Die Ursprünge der Schweinehaltung in der Toskana sind in alter Zeit auf den Bauernhöfen und Landgütern zu finden, und das von ihnen erzeugte Produkt hat bis heute die Unverfälschtheit, den Geschmack und die Würze, die für die exzellente Qualität verantwortlich sind. Um das Jahr 1000 setzte sich die Technik der

> Haltbarmachung von Schweinefleisch in der Toskana durch, und bestimmte Regeln zur Schweineschlachtung und Fleischkonservierung gehen sogar bis in die Zeit Karls des Großen zurück.

In Sauris in den Karnischen Alpen beginnt man erst im 13. Jahrhundert, führt aber erstmals den Aspekt eines spezifischen Gebiets und Klimas als entscheidenden Faktor für die Schinkenherstellung an diesem Ort ein:

> Am Ende des 13. Jahrhunderts siedeln sich im Tal deutschsprachige Kärntner an, die bis heute ihre Traditionen in ihrem mittelalterlichen Dialekt, in Volksbräuchen und der Religion und insbesondere in der Kulinarik bewahrt haben, während sie im Lauf der Jahrhunderte gleichzeitig eine Zugehörigkeit zu Karnien und Friaul pflegten. Die alte Tradition der Schinkenproduktion, bei der sich karnische und friaulische Verfahren und Techniken verbinden, trifft im heilsamen Klima des Tals von Sauris auf ganz spezielle Reifebedingungen.

Viel präziser geht es da im Aostatal zu, dort kennt man sogar das genaue Geburtsjahr des Schinkens:

> Der *Jambon* birgt in seinen Aromen die Tradition des Fleisch-Einsalzens des Großen Sankt Bernhard, wie sie seit 1397 in den Archiven des Hospizes auf dem gleich-

namigen Hügel dokumentiert sind. Hergestellt wird er mit den einfachen Handgriffen, die seit Generationen von »viou i tzoveno«, von den Alten an die Jungen, weitergegeben werden.

Nur wenig später begann man auch in Carpegna Schinken herzustellen, und dort waren es die Wälder, die diese Tradition beförderten:

> In dieser Gegend mit ihren dichten Eichenwäldern, die die Voraussetzung für die Aufzucht von Schweinen sind, geht die alte Tradition, »Schinken und anderes Fleisch einzusalzen«, auf das Jahr 1407 zurück, in dem ein Erlass verbot, »… Schweine und gesalzenes Fleisch« anderswohin zu verkaufen. Ein weiterer Hinweis darauf, dass die Gegend von Carpegna schon im Mittelalter eine Heimat des Schinkens war, ist das dafür verwendete Salz, das seit jeher in den Salinen von Cervia gewonnen wurde, die sich von Rechts wegen verpflichteten, es nach Carpegna zu liefern.

Etwa zur gleichen Zeit begann man auch in Venetien Schinken zu produzieren:

> [Schinken herzustellen] war bereits im Jahr 1400 verbreitet. Michele Savonarola, Arzt, Diätologe und Feinschmecker aus Padua sprach darüber in seinem *Libreto de tute le cosse che se manzano* (Büchlein von allem, was gegessen wird) […] Laut dem Historiker Massimo Alberini,

renommierter Kenner der italienischen und paduanischen Küchengeschichte, handelt es sich möglicherweise um einen dieser Schinken »aus Montagnana« [...]

In Cuneo hingegen ließ man sich viel Zeit und fing erst 1618, dem Jahr, in dem der Dreißigjährige Krieg begann, mit dem Schinkenmachen an.

> Die Wurzeln der Verarbeitung von Schweinekeulen im Produktionsgebiet reichen bis mindestens ins 17. Jahrhundert zurück, wie ein Schriftstück von 1618 belegt, in dem von der Arbeit der *norcini* (Schweinemetzger) die Rede ist.

Auch in Norcia ist viel von Wäldern die Rede, aber wenn es um den Ursprung des köstlichen Schinkens geht, muss auf einen unbefriedigenden Näherungswert zurückgegriffen werden:

Eine uralte Geschichte, in der Geschicklichkeit und die Berufung zum Handwerk eine Rolle spielen, und die über Jahrhunderte weitergegebenen Traditionen, die heute die Seele des Ortes verkörpern. Warum man sich ausgerechnet in den Dörfern der Valnerina rund um Norcia auf die Verarbeitung von Schweinefleisch spezialisiert hat, haben sich schon viele gefragt. Die extensive Schweinehaltung war in den Hügeln und Bergen Umbriens bereits in der Römerzeit weit verbreitet, vor allem aufgrund der vielen Wälder, insbesondere der Eichenwälder, in denen die Tiere ihre natürliche Nahrung fanden.

Zusammenfassend lässt sich also sagen, dass alle italienischen Schinken bereits in der Antike oder im Mittelalter hergestellt wurden, mit Ausnahme des *Prosciutto crudo di Cuneo*, der aus unerfindlichen Gründen mit einigen Jahrhunderten Verspätung startete. Ich bin allerdings sicher, dass sich bei gründlicher Nachforschung in den Archiven irgendeiner Abtei oder den Statuten der Zünfte auch dort eine Schinkenproduktion spätestens seit dem Mittelalter nachweisen ließe. Zweitens ist jeder dieser Schinken deshalb regionaltypisch, weil es in einer bestimmten Gegend, die, wie es der Zufall so will, heute mit dem Produktionsgebiet übereinstimmt, viele Wälder gab oder gibt.

Ich würde diesbezüglich behaupten, dass zu viele Lokalhistoriker oder auch faule Beraterinnen und Berater, die mit der Festlegung der Standorte der Schutzgremien beauftragt waren, die Bücher von Massimo Montanari gelesen haben. Der renommierteste italienische Ernährungshistoriker hat nämlich sehr präzise beschrieben, wie im Mittelalter in Italien Schweine gehalten wurden. In der Tat liefen diese frei in den Wäldern herum. Entscheidend ist allerdings, dass es im Mittelalter in *ganz* Nord- und Mittelitalien ausgedehnte Wälder gab – und dass nicht etwa in Carpegna oder rund um Padua mehr

Bäume standen als beispielsweise in Ligurien oder der Provinz Brescia. Das Vorhandensein von Wäldern erklärt somit erstens nichts, und zweitens begründet es keinen echten Unterschied zwischen den Produktionsgebieten der diversen Schinkensorten und solchen Gebieten, in denen man aus Schweinefleisch vielleicht irgendeine andere Spezialität herstellte.

Und dann ist da noch die Sache mit dem Salz. In Parma heißt es zum Beispiel, man habe Schinken dort wegen der guten Verfügbarkeit des in der Gegend von Salsomaggiore gewonnenen Salzes bereits in der Antike herstellt. Das Gleiche behauptet man, wie gesehen, in Carpegna, wo man auf die Salinen von Cervia verweist. Wie haben sie es dann wohl in Modena, Norcia, Montagnana, im Aostatal und in Cuneo gemacht, wo es weder Salinen noch ein nahes Meer gab? Auch in diesem Fall drängt sich wieder einmal der starke Verdacht der Geschichtsklitterung aus Marketinginteressen auf. Um es ganz deutlich auszusprechen: Entweder ist Salz ein Standortfaktor oder nicht – es kann nicht da, wo es vorhanden ist, eine entscheidende Zutat sein, und dort, wo es fehlt, keine Rolle spielen.

Beim Carpegna-Schinken offenbart sich dazu noch ein logisches Problem: Wenn das erste Schriftstück, das die Schinkenherstellung belegt, ein »Erlass« aus dem 15. Jahrhundert ist, der die Ausfuhr verbot, heißt das, es wurden nur so wenige Schweine gehalten und Wurstwaren hergestellt, dass nicht einmal die lokale Nachfrage befriedigt werden konnte. Warum sonst sollte man den Verkauf von »Schweinen und gesalzenem Fleisch« nach außerhalb verbieten? Gemäß den wirtschaftlichen Gesetzen jener, aber auch der heutigen Zeit wäre bei einer ausreichenden Herstellung hochwertiger Waren das Interesse groß, ihre Ausfuhr zu erleichtern und nicht zu verbieten.

Um es abzuschließen: Salzen, räuchern und in Häute füllen waren schon immer weit verbreitete Methoden der Fleischkonservierung, insbesondere der Konservierung von Schweinefleisch, das sich dafür besonders eignet. Es gibt somit keinen Grund, in den heute als DOP oder IGP beschützten Gebieten irgendwelche Aspekte herauszustellen, die sie angeblich in Sachen Schinkenproduktion historisch von anderen nord- und mittelitalienischen Gegenden unterscheiden.

Abgesehen davon entbehren bestimmte Ursprungsbezeichnungen jeglicher Logik, selbst wenn man die allgemein akzeptierte Erzählung gelten ließe, das Wissen sei jahrhundertealt und von Generation zu Generation weitergegeben worden. Welchen Sinn hat die Behauptung, der *Prosciutto Toscano* sei über tausend Jahre alt? Gibt es irgendwen, der beschwören würde, dass seit Karl dem Großen zwischen Carrara und Grosseto überall die gleichen Methoden angewandt wurden?

Die geschützten Produktionsgebiete sind in einigen Fällen viel zu groß, wie im Fall des *Prosciutto*

Toscano, in anderen viel zu klein, wie beim *Prosciutto di Sauris* oder *di San Daniele*, die praktisch auf eine einzige Kommune beschränkt sind. Dass hier etwas nicht stimmt, dass es um Kommerz, um Rendite und neues Marketing und nicht um alte Geschichte geht, ist doch sonnenklar.

Nein, um Geschichte geht es wirklich nicht. Entscheidend ist vielmehr die Bereitschaft der Beteiligten vor Ort zur Zusammenarbeit und ihre Erkenntnis, dass ein Qualitätsmarketing mit Verweis auf alte Traditionen ein Faktor ist, der sich positiv auf die Entscheidungen der Käuferinnen und Käufer auswirkt. Das beweist der Parmaschinken, der für alle anderen Schinken, die in den letzten zwanzig Jahren ein Siegel erhalten haben, Modell gestanden hat. Bis vor ein paar Jahren hing der Preisunterschied zwischen Parmaschinken und irgendeinem anderen namenlosen Rohschinken nicht von der Qualität, sondern einzig und allein vom DOP-Siegel ab. Noch heute liegt der Preis für Parmaschinken zwölf bis dreizehn Prozent über dem Durchschnittspreis anderer italienischer Schinken, inklusive derer, die seither ebenfalls ein Siegel bekommen haben, mit Ausnahme des San-Daniele-Schinkens, der sogar fünfzehn Prozent über dem Durchschnittspreis liegt.

Um mit einer bereits so bekannten und starken Marke wie dem Parmaschinken konkurrieren zu können, musste man natürlich die Unterschiede und die Individualität des eigenen Schinkens sorgfältig herausarbeiten. Doch die Aussicht auf höhere Verkaufspreise schien die Mühe durchaus wert zu sein, und selbst wenn man dazu eklatant unlogische Geschichten zusammenreimen musste, lohnte es sich für die Produzenten, sich zusammenzutun. Interessanterweise ist das entsprechende Konsortium in Parma 1963, zwei Jahre nach dem von San Daniele entstanden, doch die Macht und die aggressive Strategie der in Parma Zuständigen sorgten dafür, dass ihr Schinken zwanzig Jahre lang die einzig wirklich bekannte Marke Italiens blieb. Es ist bemerkenswert, dass in Baedeker-Reiseführern vom Ende des 19. und Beginn des 20. Jahrhunderts (damals die europaweit verbreitetsten und anerkanntesten) hier und da von toskanischem Schinken die Rede ist, der Parmaschinken aber nicht einmal erwähnt wird. Sein ganzer Ruhm wurde in der zweiten Hälfte des 20. Jahrhunderts erschaffen.

Erst in den 1980er-Jahren (es läuft letztlich immer auf diesen Zeitabschnitt hinaus) begriffen die Produzenten anderer Gegenden, wie entscheidend die gemeinschaftliche Bewerbung einer Marke nach dem Modell des Parmaschinkens war. Dennoch haben es noch heute die anderen Schinkensorten schwer, sich in Konkurrenz zum Parmaschinken auf dem italienischen und internationalen Markt durchzusetzen. Nur der San-Daniele-Schinken, der schon lange promotet wird, hat sich eine eigene Identität erarbeitet. Man muss bedenken, dass Parmaschinken noch immer vierzig Prozent des italienischen Markts für Rohschinken abdeckt, dann kommt San Daniele mit fünfzehn Prozent; die restlichen fünfundvierzig Prozent teilen sich sämtliche anderen, die ohne Herkunftssiegel eingeschlossen.

Bislang dienen all diese Pseudohistorien also vornehmlich der Stärkung des Lokalpatriotismus und der Veranstaltung von Volksfesten. Aber das ist in Italien ja offenbar die wesentliche Daseinsberechtigung von Geschichte.

VIII.

Dolcetto – die bittere Wahrheit

Das Thema »erfundene regionaltypische Weine« abzuhandeln, ist wirklich keine Kunst, die Beispiele dafür sind einfach zu augenfällig. Allein in den letzten paar Jahren hat das Phänomen im Piemont schwer vorstellbare Ausmaße angenommen, und da in Italien eine offenbar angeborene Neigung besteht, schlechte statt gelungene Vorbilder nachzuahmen, könnte es hilfreich sein zu erläutern, was dort passiert ist und noch passiert. Ich werde also von den Merkwürdigkeiten berichten, die sich in den Provinzen Alessandria, Asti und Cuneo hinsichtlich der Dolcetto-Weine zugetragen haben, allerdings mit dem Hinweis, dass Vergleichbares auch bei anderen Weinen vorkommt.

So erschien im Jahr 2017 ein interessanter Artikel über die Ursprungsbezeichnung des Barbera, der in der Provinz Asti hergestellt wird. In der Praxis kann ein und dasselbe Stück Land, auf dem eine einzige Rebsorte (nämlich Barbera) angebaut wird, für sieben verschiedene Ursprungsbezeichnungen herhalten: Nizza DOCG, Barbera d'Asti DOCG, Barbera del Monferrato superiore DOCG, Barbera del Monferrato DOC, Piemonte Barbera DOC, Monferrato Rosso DOC und Piemonte Rosso DOC. Ganz offensichtlich hat das System mit den Siegeln in diesem Fall komplett versagt und seine Daseinsberechtigung verloren. Es ist vielleicht an der Zeit, sich in Erinnerung zu rufen, wozu die Ursprungsbezeichnungen eigentlich dienen beziehungsweise dienen sollten. Ich werde das tun, ohne den guten alten Marx (Karl, nicht Groucho) zu bemühen, der sich als Erster aus ökonomischer Sicht mit dem Problem der Weinqualität beschäftigte und indirekt aufzeigte, dass die Eingrenzung eines bestimmten Gebiets für einen bestimmten Wein nicht das Ziel hat, einen gewissen Qualitätsstandard sicherzustellen, sondern vielmehr, den Produzenten höhere Gewinne zu verschaffen und den Grundeigentümern höhere Pachterträge. Im Grunde geht es um Folgendes: Die Bezeichnung soll einen Wein, der vor allem außerhalb seines Produktionsgebiets verkauft wird, in erster Linie vor Fälschungsversuchen und einer deutlichen Qualitätsminderung schützen, die die Einkünfte der Produzenten und der Eigentümer der Weinberge bedroht. In der Praxis stellt die Einführung einer Ursprungsbezeichnung ein künstliches Monopol dar. Nur wer über Weinberge in dem festgelegten Gebiet verfügt, kann die entsprechenden Weine produzieren. Allerdings müssen die Winzer in der Lage sein, für die Weine mit dem Siegel einen bestimmten Qualitätsstandard zu garantieren, sonst verlöre die Bezeichnung ihre Berechtigung. Dafür wiederum haben die Schutzkonsortien zu sorgen.

Wenn also mit derselben Weinsorte und der gleichen Beere die vorhin aufgezählten sieben verschiedenen Weine hergestellt werden dürfen, kann man das Siegel salopp gesagt in der Pfeife rauchen. In Wahrheit gibt es in dieser absurden Situation nur einen Gewinner, und das ist der gewitzte und wenig an der Qualität seines Produkts interessierte Winzer, der sich einen kleinen wirtschaftlichen Vorteil verschafft, indem er für seinen nicht besonders hochwertigen Wein mit Siegel einen höheren Preis verlangen kann als ohne Siegel. Das alles auf Kosten der Konsumentinnen und Konsumenten, die minderwertige DOC-Weine kaufen, und der engagierten Produzenten, denen es nur schwer gelingt, ihre Weine in diesem Dickicht der Ursprungsbezeichnungen zur Geltung zu bringen.

Im Piemont wie in anderen Regionen ist die ständige Vermehrung dieser Bezeichnungen leider das Ergebnis eines zunehmenden Drucks vor Ort, aber auch einer kurzsichtigen und schwachen Politik, die ihrer Lenkungsaufgabe bei der Entwicklung solcher Gebiete nicht gerecht wird. Stattdessen dient sie sich den skrupellosen Produzentengremien als Erfüllungsgehilfin an und untergräbt damit letztlich die Glaubwürdigkeit der gesamten Produktionskette. Aus diesem Grund sieht man immer häufiger

Bürgermeisterinnen und Bürgermeister, Stadträte, Provinz- oder Regionalpräsidenten auf Teufel komm raus um neue Ursprungsbezeichnung kämpfen, selbst wenn sie sich vielleicht sogar mit bereits bestehenden überschneiden, als würde das allein für die Weiterentwicklung ihrer Gegend schon genügen. Was mit einem Anbaugebiet passieren kann, wenn eine Ursprungsbezeichnung ihre Daseinsberechtigung verliert, konnte man vor einigen Jahrzehnten bereits am Beispiel des toskanischen Chiantis beobachten. Die besten Winzer haben den Wein und das Gebiet nach und nach aufgegeben und ihre Aktivitäten in Gegenden verlegt, die nicht bereits mit zahllosen Schutzsiegeln zugepflastert sind.

Aber kommen wir zu den aus Dolcetto gekelterten Weinen des Piemonts. Lässt man einige piemontesische DOC- und DOCG-Weine wie den Barbera del Monferrato superiore mal beiseite, deren Produktionsbestimmungen auch einen gewissen Anteil Dolcetto-Trauben vorsehen, gibt es insgesamt siebzehn Weine, die aus dieser Rebsorte hergestellt werden und ein Siegel tragen, dazu noch zehn weitere aus Ligurien und der Provinz Turin, bei denen die Bestimmungen ebenfalls einen Anteil Dolcetto zulassen, der bis zu hundert Prozent betragen kann, die aber unterschiedliche Ursprungsbezeichnungen tragen. Die siebzehn Dolcetto-Weine beschränken sich wie erwähnt auf die Provinzen Alessandria, Asti und Cuneo, wobei sich die jeweiligen Gebiete auf bisweilen undurchschaubare und unverständliche Weise überschneiden und verflechten.

Wie ein Barbera-Produzent in der Provinz Asti (das habe ich beschrieben) könnte auch ein Dolcetto-Produzent aus der Provinz Cuneo für seine Weine aus folgenden Ursprungsbezeichnungen wählen: Dolcetto d'Alba, Dolcetto D'Alba superiore, Dolcetto delle Langhe Monregalesi superiore, Dolcetto Langhe, Pinerolese Dolcetto sowie Dogliani (Letztere nur unter bestimmten Bedingungen). Für ein und dasselbe Gebiet und die gleichen Trauben sind also sechs verschiedene Ursprungsbezeichnungen zu haben, teils DOC, teils DOCG.

Etwas besser läuft es in der Provinz Asti, wo ein Dolcetto »nur« fünf Siegel zur Auswahl hat, während in der Provinz Alessandria die Situation definitiv außer Kontrolle geraten ist: Dort gibt es für den Dolcetto neun verschiedene Siegel. Ich weiß, Sie rechnen gerade zusammen: 6 + 5 + 9 ergibt nicht 17, doch blöderweise umfassen einige Ursprungsbezeichnungen mehrere Provinzen, und das Schöne ist, in Wirklichkeit sind es dreizehn, und die vier, die auf die siebzehn fehlen, betreffen einige Kommunen in einer der drei Provinzen. Letztlich scheint es folgende Tendenz zu geben: Man fängt mit einer Ursprungsbezeichnung an, die eine ganze Provinz umfasst, wie den Dolcetto d'Alba oder den Monferrato Dolcetto, dann versucht man Abschnitte des Herkunftsgebiets abzutrennen, denen man höherwertige Eigenheiten zuschreibt und deren Weine spezielle Charakteristika aufweisen müssen. Natürlich steht es auch den Winzern dieser kleineren Gebiete frei, ihre Weine mit Bezeichnungen zu labeln, die die jeweils größeren Gebiete umfassen.

Die vier »Super-Dolcettos«, wenn man sie so nennen will, sind Dogliani, Dolcetto di Ovada, Dolcetto di Ovada superiore und Dolcetto di Diano d'Alba. Der in und um Ovada produzierte Wein hat das DOCG-Siegel 2008 erhalten, der Diano d'Alba 2010, und der Dogliani kam als Ergebnis der Fusion dreier Vorgängerbezeichnungen 2011 hinzu.

Es handelt sich hierbei, wie gesagt, um Teile von mehr oder weniger großen Ursprungsgebieten, denen spezielle Eigenschaften hinsichtlich des Produktionsprozesses zugeschrieben werden. Unnötig zu betonen, dass man bei den historischen Verweisen auch hier wieder aus dem Vollen schöpft: Um zu belegen, dass es sich um Typisches hoch drei handelt, werden mit großem Eifer mittelalterliche Dokumente, archäologische Fundstücke und mündliche Überlieferung herangezogen. Diese Maschinerie scheint nie stillzustehen, jedenfalls hört man, auch im Gebiet des Dolcetto d'Alba DOC, das den gesamten Provinzen Asti und Cuneo entspricht, versuche man noch ein Untergebiet zu schaffen, das *dei terrazzamenti* (an terrassierten Hängen gepflanzt) heißen und zu einer weiteren geschützten Ursprungsbezeichnung führen soll.

Ganz offensichtlich gibt es niemanden, der dieses Dickicht auszulichten gewillt ist, vielmehr scheint man die Verwirrung für die Käuferinnen und Käufer noch steigern zu wollen. Nun könnte man einwenden, dass die Lage im allseits gerühmten Burgund ganz ähnlich ist, wo es vier Level für das AOC-Siegel (Appellation d'origine contrôlée) gibt. Allerdings handelt es sich in der französischen Region um vier präzise definierte Qualitätsstufen vom einfachen Landwein bis zum *Grand Cru*, über die sowohl Winzer als auch Käufer genau Bescheid wissen. In Italien dagegen kann der jeweilige Produzent frei wählen, unter welchem Siegel er seinen Weinberg eintragen lässt. Dahinter steckt natürlich die wiederum typisch italienische Auffassung, dass die DOCG-Siegel alle gleich sind, genau wie die DOC. Was definitiv nicht stimmt und nicht stimmen kann. Und auch nicht stimmen dürfte, möchte ich hinzufügen.

Regionaltypisches und Ursprungsbezeichnungen können tödlich sein, aber auch eine Agrarpolitik, die diesen Namen nicht verdient – genau wie die italienische Industrie seit Jahrzehnten an einer nicht vorhandenen Industriepolitik zugrunde geht. Eigentlich bedeutet Politik, Entscheidungen zu treffen und dabei im allgemeinen Interesse die einen oder anderen auch einmal zu enttäuschen. In Italien aber geht man immer noch vor wie Karl V. Der soll sich 1541 im sardischen Alghero die zahllosen Ersuchen um Titel und Orden vom Hals geschafft haben, indem er mit dem berühmten Satz »Estad todos caballeros« sämtliche Bürger der Stadt zu Rittern schlug. Aber wenn alle Ritter sind, ist es keiner mehr so richtig, und so wird es uns wohl auch weiterhin nicht gelingen, aus diesem Ehrentitel etwas zu machen.

IX.

Der Panettone war mal ein Brot

Rund um den Panettone wird seit jeher viel geschrieben und erzählt, und darunter sind auch einige besonders kuriose Geschichten. So wird gerne behauptet, der Feldmarschall Ficquelmont, Kanzler des Königreichs Lombardo-Venetien, habe dem Fürsten Metternich, österreichischer Kanzler von 1821 bis 1848, zu Weihnachten immer einen Panettone geschenkt. Wie und warum, ist letztlich völlig unklar. Sieht man genauer hin, fällt unter anderem auf, dass Ficquelmont sich nur zwischen Oktober 1847 und März 1848 in Mailand aufhielt. Selbst wenn Metternich wirklich so wild auf Panettone gewesen sein sollte, konnte der alte Fürst ihn nur ein einziges Mal von Ficquelmont bekommen haben. Auch aus einem anderen Grund ist das eine dieser Anekdoten, die einem die Haare zu Berge stehen lassen.

Stellt man diese Erzählung der deutlich besser belegten Geschichte diverser Gebäckhersteller gegenüber, deren Namen mit dem Panettone verbunden ist, wie Motta oder Alemagna, muss man nämlich befürchten, Staatskanzler Metternich wäre beleidigt gewesen, wenn sein Landsmann Ficquelmont ihm Mitte des 19. Jahrhunderts einen Panettone überreicht hätte. Er hätte es sich vermutlich nicht anmerken lassen und mit der typisch habsburgischen Steifheit und Disziplin sogar ein Lächeln angedeutet, aber sicher hätte er das komische Brot bei der nächsten sich bietenden Gelegenheit an einen Diener weitergereicht, der es eher zu schätzen gewusst hätte.

Ein komisches Brot: Das nämlich war der Panettone bis zum Auftritt von Angelo Motta. Auf der Website der gleichnamigen Firma steht Folgendes:

> Angelo Motta, geboren im Jahr 1890, öffnete nach einer langen und frühen Lehrzeit als Konditor im Jahr 1919 in der Via Chiusa in Mailand das erste Geschäft unter eigenem Namen. Damals war der Panettone noch flach und fest, doch Motta griff die alte Methode mit natürlichem Treibmittel wieder auf, revolutionierte damit den Teig und die Form und begründete so die »neue« Tradition eines hohen, kuppelförmigen Panettone, der luftiger war und mehr Rosinen enthielt.

Bis 1919 war der Panettone also noch »flach und fest«, doch der Konditor Motta gab Sauerteig hinzu, was ihn höher und luftiger machte, außerdem mehr Rosinen. Der berühmte Weihnachtskuchen scheint zuvor also einem Fladenbrot mit nicht sonderlich vielen Rosinen geähnelt zu haben. Ist es vorstellbar, dass der Kanzler Lombardo-Venetiens dem österreichischen Staatskanzler ein Fladenbrot überreichte?

Gegen Ende des 19. Jahrhunderts hatte der Panettone in vielen Texten der Küchenliteratur noch keinen Bezug zu Weihnachten, was auf ein einfaches und alltägliches Herstellungsverfahren hindeuten würde. Doch die Motta-Website behauptet noch mehr: Der gute Angelo »revolutionierte damit den Teig und die Form und begründete so die ›neue‹ Tradition eines hohen, kuppelförmigen Panettone«. Das riecht schon wieder meilenweit nach einer »Erfindung von Tradition« entsprechend der Theorie des bereits erwähnten englischen Historikers Hobsbawm. Ihm zufolge könnten wir es hier wahlweise mit einer komplett erfundenen Tradition zu tun haben oder mit einer »neuen«, die auf etwas bereits Existierendes aufbaut. Jedenfalls entstehen so »neue« Traditionen, und dieser Ausdruck, ein seltsames Oxymoron, muss wörtlich genommen werden. Tradition ist eine Erfindung, die Erfolg hat, um es mit Oscar Wilde zu sagen.

Um zu verstehen, was da wirklich passiert ist, müssen wir ins Jahr 1930 springen. Angelo Motta betrieb damals schon seit zehn Jahren seine Backstube in der Via Chiusa, buk zu Weihnachten, vielleicht auch ganzjährig, seine eigenartigen hohen und luftigen Panettoni und erwarb dann eine ungenutzte Lagerhalle in der Via Corsica, um seine Erfindung in industriellem Maßstab zu produzieren. In der Zwischenzeit hatte Gioacchino Alemagna, ebenfalls Konditor, der schon seit Langem eine Bäckerei in Melegnano (im Umland von Mailand) besaß, mitten im Zentrum Mailands zwei Konditoreien eröffnet, eine in der damaligen Via Carlo Alberto, die andere in der Via Manzoni. Alemagna kann Motta zwar die Erfindung des Panettone nicht streitig machen, selbst wenn er es versuchen würde, doch in der Massenproduktion ist er ihm überlegen. Er kaufte nämlich 1937 eine ehemalige Spinnerei in der Via Silva, ebenfalls in Mailand, und verwandelte sie in eine moderne Backwarenfabrik, die in der Lage war, mit der bereits bekannten Fabrik Mottas zu konkurrieren. Um das klarzustellen: In der zweiten Hälfte der 1930er-Jahre gab es praktisch keine handwerklich hergestellten Panettoni mehr, selbst wenn möglicherweise der eine oder andere kleine Betrieb noch versuchsweise welche anbot. Doch in Mailand – wie in ganz Italien – kaufte man zu Weihnachten die Panettoni von Motta oder Alemagna. Die ursprünglichen Backstuben, die ein paar Jahre früher von Motta eröffnete ebenso wie die von Alemagna (deren handwerkliche Panettone-Produktion im Übrigen erst bewiesen werden müsste), hatten sich umgehend in stark expandierende Fabriken verwandelt. Dort wurden, wenn möglich, die tayloristischen Theorien zur Rationalisierung umgesetzt, um den Herstellungsprozess so effizient und produktiv wie möglich zu gestalten, bis man letztlich bei der für die Autoindustrie typischen Fließbandarbeit ankam. Das Gebäck eroberte rasch einen nationalen Markt, die Nachfrage wurde wie bei anderen typisch italienischen Lebensmitteln befeuert von den Ausgewanderten, die im Panettone sicher kein ihnen lange vertrautes Traditionsgebäck wiederfanden, ihn aber zur Identifikation und Abgrenzung gegenüber den Bräuchen ihrer Gastländer nutzten.

Entscheidend ist: Wir müssen verstehen, aus welchen Gründen der Panettone zum typischen Weihnachtsgebäck für (so gut wie) alle Italiener wurde. Es darf nämlich nicht vergessen werden, dass er im Inland praktisch sofort Erfolg hatte. Bereits am Vorabend des Zweiten Weltkriegs erreichte die Gesamtproduktion der zwei Firmen Motta und Alemagna den beeindruckenden Umfang von etwa 100.000 Stück pro Jahr. Das Wachstum wurde durch den Krieg natürlich gestoppt, und die Zahlen stiegen in der schwierigen Phase des Wiederaufbaus nur langsam wieder an, doch in den 1950er- und 60er-Jahren erlebte der Panettone einen wahren Boom. In den 1970er-Jahren brachen neue Firmen das Duopol Motta-Alemagna. Es waren nicht notwendigerweise Mailänder, sondern insbesondere kampferprobte Unternehmen aus Verona, die bereits den Pandoro (im Gegensatz zu Panettone ohne Rosinen und kandierte Früchte) als Weihnachtsalternative zum Panettone durchgesetzt hatten und sich nun daran machten, auch Letzteren zu produzieren, wobei sie immer größere Anteile dieses sehr speziellen Marktes eroberten. Übrigens waren es eben dieser

Pandoro aus Verona und in etwas geringerem Umfang Panforte aus Siena (eine Art Lebkuchen), die in jenen Jahren den Panettone als das einzige typisch italienische Weihnachtsgebäck vom Sockel stießen.

Gerade der Aufstieg von Pandoro und Panforte in den 1970er-Jahren liefert uns einen Schlüssel zum Verständnis des bis dahin unangefochtenen Panettone-Erfolgs. Die beiden Gebäcke, mindestens ebenso erfunden und künstlich wie der Panettone, waren die Antwort auf ein neues Bedürfnis der Italiener, die das Mailänder Produkt allein nicht befriedigen konnte. Vor dem Krieg war Italien wie besoffen vom Mythos eines großen Imperiums und fantasierte sich eine Zukunft der Autarkie, sensationeller Eroberungen und einer industriellen Führungsrolle herbei – und der Panettone war bestens geeignet, all dies zu verkörpern: Er war neu, industriell hergestellt und modern und stand zugleich in einer Tradition, ob nun echt oder fiktiv. Darüber hinaus kam er aus Mailand, der modernsten, prächtigsten und reichsten Stadt Italiens. Mit ihm konnte eine italienische Familie aus Avellino, Macerata oder Belluno zumindest einmal jährlich davon träumen, an dieser Modernität und diesem Reichtum zu partizipieren. In den Jahren des Wirtschaftswunders, in denen Mailand für Millionen Italiener noch mehr zum Ziel und zur Hoffnung auf Befreiung wurde, ging dieser Traum weiter, ja, er wurde sogar noch farbenprächtiger.

Der Panettone hatte – der Form und den Zutaten nach – auch die passenden Eigenschaften, um für all das zu stehen: In einem noch armen Italien der 1930er-Jahre und dem immer weniger armen der Nachkriegszeit, das ständig fürchtete, man könne ihm die mühsam errungenen Stücke vom Wohlstandskuchen wieder nehmen, lieferten die kandierten Früchte und Rosinen zusätzliche Sicherheit zum günstigen Preis. Außerdem signalisierten die schönen bunten Schachteln, die so anders waren als das Papier, in das man in Geschäften die gewöhnlichen Lebensmittel einwickelte, dass Italien sich zum Besseren hin veränderte.

In den 1970er-Jahren genügte all das nicht mehr. Das optimistische und etwas naive Italien der vorangegangenen zwanzig Jahre wich einem Land, das reicher, aber auch komplexer war. Die Großindustrie war im Niedergang begriffen, stattdessen entstanden zahlreiche kleinere Industriedistrikte. Auch in diesem speziellen Fall erschien inzwischen der Tausch von Identität gegen Wohlstand nicht mehr so vorteilhaft wie früher. Nun fand der Panettone, ein standardisiertes Industrieprodukt, plötzlich weniger Anklang, oder besser gesagt, er bekam viele Mitbewerber und Alternativen. Immer mehr Italiener suchten etwas anderes: Pandoro und Panforte, Spongata (ein mit Trockenfrüchten und Nüssen gefülltes Mürbeteiggebäck) und vielerlei anderes Weihnachtsgebäck, das zwar über die Grenzen seiner Ursprungsgemeinde oder -provinz nicht hinauskam, aber genau dort dem 08/15-Panettone Konkurrenz machte. Ein absolut vorhersehbarer Marktmechanismus: Mehr Wachstum führte zu einer Diversifizierung der Nachfrage. Der Backwarenindustrie blieb nichts anderes übrig, als darauf mit Varianten zu antworten: gefülltem Panettone, Panettone ohne kandierte Früchte, Panettone mit Zuckerguss, Pandoro mit Creme- oder Schokoladenfüllung oder Tartufone mit Schokoüberzug und allem möglichen anderen Zeug.

Und so kehrte der ruhmreiche Panettone, den hundert Jahre zuvor der Konditor Angelo Motta erfunden hatte, nachdem man ihn misshandelt, verfälscht und immer weniger geschätzt hatte, zurück nach Mailand. In den 1980er- und 1990er-Jahren tauchte in immer mehr Mailänder Bäckereien und Konditoreien wieder hausgemachter Panettone auf. Bis dahin wäre niemand auf so einen Gedanken gekommen, ein handwerklich hergestellter Panettone war ein Widerspruch in sich. Während so viele Gegenden in jener Zeit ihre typischen Weihnachtsgebäcke wiederentdeckten oder erfanden, war das in Mailand praktisch unmöglich: Mailand *war* ja schon die Stadt des Panettone beziehungsweise war der Panettone *das* Gebäck Mailands, das wussten doch alle, das musste man dort nur noch zur Kenntnis nehmen und entsprechend handeln. Und so wurde der Panettone in einem bizarren Salto rückwärts vor etwa dreißig Jahren zu dem, was er zuvor nie gewesen war: einer handwerklich hergestellten lokaltypischen Spezialität.

X.

Pasta africana

Es gibt doch nichts Italienischeres als einen schönen Teller *Spaghetti al pomodoro.* Und nichts kann Italiener im Ausland mehr deprimieren als ein Teller verkochter Nudeln mit schlechter Sauce. Mehr noch als Nationalhymne und republikanische Verfassung sind Nudeln ein unverzichtbarer Bestandteil der nationalen Identität. Ich habe bereits im Einführungskapitel die alte Geschichte dieses Nahrungsmittels angesprochen (das weniger italienisch ist, als man gemeinhin glaubt) und darauf hingewiesen, dass es erst außerhalb Italiens wirklich massenhaft konsumiert wurde, vor allem in Nordamerika. Doch abgesehen von diesen historischen Details ist Pasta ohne Zweifel eines der italienischen Lieblingsgerichte, weswegen das ganze Land sich tagtäglich bei der Erfindung neuer Nudelformen und -saucen austobt. Doch wie wird dieses Grundnahrungsmittel hergestellt, wo und mit welchen Grundprodukten?

Ich werde keinesfalls die heldenhafte Geschichte der Nudelmacher von Gragnano wiederkäuen, die in Sachen Mythen und Legenden wie so viele andere keinen Spaß verstehen, sondern sofort zum Kern der Sache kommen, zu dem Zeitpunkt nämlich, als Nudeln wirklich zu einem italienischen Produkt wurden. Wie gesagt wurden die Italienerinnen und Italiener erst in Amerika zu Nudelessern, doch viele von ihnen kehrten später in ihre Heimat zurück und hatten den absurden Anspruch, dort genau so weiterzuleben wie auf der anderen Seite des Atlantiks. Deshalb stieg der Pastakonsum seit den 1920er-Jahren langsam, gleichwohl kontinuierlich an. Und nach dem Zweiten Weltkrieg, genauer seit den 1950er-Jahren, hörte man in Italien dann mit dem Nudelessen gar nicht mehr auf. Aber Geduld, dazu kommen wir gleich noch. Bleiben wir kurz in der Zwischenkriegszeit.

Die unangefochtene Hauptrolle in dieser Phase unserer Geschichte spielt Nazareno Strampelli (1866-1942), Genforscher aus den Marken und Erfinder des berühmten Hartweizens »Senatore Cappelli«, der jahrzehntelang die meistverwendete Sorte in der Nudelherstellung blieb. Strampelli hatte seine agrarwissenschaftlichen Forschungen bereits vor dem Ersten Weltkrieg begonnen. Sein Ziel war eigentlich gar nicht die Züchtung eines besonders hochwertigen Hartweizens für Nudeln, sondern die Steigerung der Produktivität der verschiedenen Weichweizensorten, die in Italien für Brot verwendet wurden. Ganz offensichtlich interessierte er sich wenig dafür, ob Nudeln beim Kochen al dente blieben (worüber damals übrigens niemand nachdachte), sondern wie man mehr Brot zu einem günstigeren Preis backen konnte. Mittels geduldigem Einkreuzen und praktischen Experimenten gelang Strampelli die Züchtung einer sehr ertragreichen und gegen viele Krankheiten resistenten Weichweizensorte namens »Ardito«.

An diesem Punkt trat die Politik auf den Plan, und wenn wir von Politik in den 1920er-Jahren sprechen, heißt das Faschismus und Mussolini. In Italien wurde viel zu wenig Weizen produziert, um den eigenen Bedarf zu decken – ein Drittel des italienischen Brots wurde mit Getreide aus dem Ausland gebacken. Das wiederum wirkte sich negativ auf die Handelsbilanz des Landes aus, und so beschloss die Regierung 1925, das Problem anzugehen, und zog in die berühmte *battaglia del grano*, die Weizenschlacht. Deren Folgen sind hier gar nicht entscheidend, es bleibt nur festzuhalten, welcher Stellenwert dabei Nazareno Strampelli und seinem Weichweizen »Ardito« zukam. Dank seiner politischen Rolle und seiner unbestreitbaren Erfolge konnte der Agrarwissenschaftler nämlich auch seine bereits 1907 begonnenen Forschungen zum Hartweizen fortsetzen. Die Sorte »Senatore Cappelli«, benannt nach Raffaele Cappelli, der Strampellis Experimente als Erster finanziert hatte, wurde innerhalb kürzester Zeit zur meistverwendeten in Italien, denn auch sie brachte im Vergleich zu anderen Sorten deutlich höhere Erträge. Letztlich hatten Strampellis Kreuzungen bis zum Beginn des Zweiten Weltkriegs alle traditionellen italienischen Weich- und Hartweizensorten verdrängt. In diesem Zusammenhang muss man sich klarmachen, dass wir gar nicht mehr wissen können, welche Optik und Konsistenz die Nudeln hatten, die man vor rund achtzig Jahren in Italien aß.

Besonders interessant ist die Tatsache, dass der Hartweizen »Senatore Cappelli« das Ergebnis von Kreuzungen zahlreicher Sorten ist, von denen eine besonders relevante aus Tunesien stammt. Genau genommen ist die italienische Pasta damit viel eher Afrikanerin als Italienerin.

Allerdings machen noch weitere Aspekte, die sowohl Politik als auch Genforschung tangieren, die neuere Geschichte der italienischen Nudel besonders spannend. Diese Geschichte endet nämlich nicht nach dem Krieg, nach dem Tod Strampellis und schon gar nicht mit dem Untergang des faschistischen Regimes. In der Forschung wurden neue Methoden verwandt: Die händischen Kreuzungen Strampellis wurden durch den Einsatz von Strahlung abgelöst, die eher zufällig die verschiedensten Mutationen hervorruft, wodurch man schließlich Sorten erzeugte, die noch ertragreicher waren als »Senatore Cappelli«. Am bekanntesten ist »Creso«, ein Ende der 1960er-Jahre entstandener Hartweizen, der 1974 auf den Markt kam und von da an die Sorte »Senatore Cappelli« ersetzte, deren direkter Nachkomme er war. Zusammenfassend lässt sich also sagen, dass der italienische Hartweizen, mit dem unsere berühmte Pasta hergestellt wird, das Ergebnis genetischer Veränderungen eines afrikanischen Weizens ist.

Aber halt, habe ich gerade behauptet, dass die Nudeln aus italienischem Hartweizen gemacht werden? Das stimmt nur zum Teil. Wie schon angedeutet, mischt sich hier die Politik wieder ein, womit sie im Prinzip nie aufgehört hat. Es ist nämlich so: Die italienischen Pastahersteller haben sich ihren guten internationalen Ruf in den letzten dreißig Jahren durch immer bessere Qualität erarbeitet. Diese Qualität wiederum hängt vor allem vom Proteinanteil des eingesetzten Mehls ab. Anscheinend haben einige ausländische Produzenten Weizen mit hohem Proteingehalt hervorgebracht, weswegen die italienischen Pastahersteller das Grundprodukt immer häufiger von ihnen beziehen. Im Ergebnis wird heute ein Drittel der italienischen Nudeln mit ausländischem Weizen hergestellt, und dieser Anteil wächst offenbar stetig.

Und dabei handelt es sich nicht einmal um eine Kostenfrage: Tatsächlich kostete im Jahr 2017 ein Doppelzentner italienischer Hartweizen zwanzig Euro, der so geschmähte kanadische dagegen sechsundzwanzig Euro. Damit liegt das Problem eindeutig in der Qualität unseres Weizens, der die Ansprüche der Pastahersteller nicht mehr erfüllen kann.

Die unreflektierten Antworten der Landwirtschaft und zum großen Teil auch der Politik zeigen, dass im Namen eines neuen Protektionismus, der mit der vielbeschworenen italienischen Exzellenz wenig zu tun hat, wieder einmal die »Made in Italy«-Keule geschwungen wird. So ähnelt der aktuelle Kreuzzug gegen den kanadischen Weizen verblüffend der Weizenschlacht Mussolinis: Erneut bestraft man mit völlig irrationalen Autarkieansprüchen einen wichtigen italienischen Industriezweig.

Die Landwirtschaftsverbände tönten von unlauterem Wettbewerb, worauf die Regierung 2017 ein Gesetz erließ, das die Pastahersteller verpflichtete, sowohl das Herkunftsland des verwendeten Weizens als auch das Land der Vermahlung auf der Verpackung anzugeben.

Wenn es tatsächlich unlauterer Wettbewerb ist, ein Produkt zu einem höheren Preis zu verkaufen, heißt das wohl, schon die Existenz von Wettbewerbern auf dem Markt ist unlauter. Dann sollte man das aber auch aussprechen und bitte nicht behaupten, es seien die großartigen italienischen Produkte, die die ausländischen Märkte erobern. Doch leider – oder vielmehr zum Glück – existiert ein solcher Einbahnstraßen-Protektionismus nicht. Es wäre nämlich die Krönung, wenn in Italien bald als einzigem Land keine Qualitätspasta mehr hergestellt werden könnte.

XI.

Aceto balsamico auf dem Gang nach Canossa

Wer jemals eine mehr oder weniger große Flasche *Aceto Balsamico di Modena* IGP gekauft oder damit gewürzt hat, möge die Hand heben. Alle, nehme ich an – ja, davon ging ich aus. Und jetzt bitte alle, die schon mal *Aceto Balsamico Tradizionale di Modena* DOP oder *Aceto Balsamico Tradizionale di Reggio Emilia* DOP gekauft oder benutzt haben. Machen Sie mir nichts vor, ich weiß genau, dass nur wenige von Ihnen ihn probiert und noch weniger ihn gekauft haben, jedenfalls nicht im Supermarkt um die Ecke. Das Adjektiv *balsamico* bezeichnet hier zwei Produkte, die in Wahrheit nichts, aber auch gar nichts miteinander zu tun haben. Wenn man bedenkt, dass beide Essige mehr oder weniger im gleichen Gebiet hergestellt werden, ist die Verwirrung offensichtlich komplett.

Und wie immer ist das Verwirrende in dieser Geschichte das Ergebnis präzise benennbarer politischer und wirtschaftlicher Entscheidungen. Beginnen wir mit der Geschichte, zur Politik komme ich später.

Der Aceto balsamico ist ein Nahrungsmittel mit langer Historie, in der sich, unnötig zu betonen, sichere Fakten mit offensichtlichen Legenden und ebenso offensichtlicher Verfälschung von Fakten vermischen. Schon die alten Römer (wer sonst?), so die Legende, kannten die Vorteile fermentierten Traubenmosts, doch dafür lassen sich keine historischen Dokumente finden. Auch die auf mittelalterlichen Dokumenten beruhenden Hypothesen halten keiner gründlichen Überprüfung stand. Wenn man es natürlich so macht wie in Modena oder Reggio und immer, wenn man in einem alten Manuskript auf das Wort »Most« oder »Essig« stößt, darin ein untrügliches Zeichen für die Präsenz von Aceto balsamico in der Gegend erkennen will, funktioniert es fabelhaft. Ich möchte aber darauf hinweisen, dass historische Forschung ein wenig mehr Seriosität und Sorgfalt erfordert – auch weil sonst wahrscheinlich Hunderte von italienischen Städten und Dörfern eine Balsamico-Tradition für sich reklamieren könnten.

Genau das ist auch passiert, als man in dem Gedicht »Vita Mathildis« aus dem Jahr 1115 einen Hinweis auf Essig entdeckte. Da es sich bei Mathilde in diesem Fall um die höchst berühmte Mathilde von Canossa handelt und Canossa in der Provinz Reggio Emilia liegt, hat die Stadt mit großem Tamtam verkündet, ihr Essig sei älter als der aus Modena. Man beachte, dass hier einfach nur von Essig die Rede ist, ganz sicher nicht von *balsamico*, ein Adjektiv, das erst Jahrhunderte später auftaucht. Was bei dem ganzen Theater herauskam: Es gibt nun zwei *Aceti balsamici tradizionali* DOP, zwei Schutzkonsortien sowie zwei praktisch identische Produktionsvorschriften, nur dass man in einem Fall die Wörter *Modena* und *modenese* durch *Reggio Emilia* und *reggiano* ersetzt hat.

Bevor wir zu den Konsortien und Bezeichnungen kommen, liegen noch mehrere Jahrhunderte vor uns. Im 13. Jahrhundert zum Beispiel wird Obizzo II. d'Este *Signore* (Herr) von Modena, und vermutlich wurden in seinem Palast einige Fässer Essig gelagert. Vermutlich, weil die kuriosen Hinweise darauf von einem Chronisten stammen, der fünfhundert Jahre nach dem tyrannischen Obizzo gelebt hat. Auch der berühmte aus Reggio stammende Humanist und Schriftsteller Lodovico Ariosto (1474–1533) spricht da und dort von Essig, aber wie dieser hergestellt wurde und schmeckte, erfahren wir von ihm natürlich nicht. Damit kommen wir ins 18. Jahrhundert, wo in der Buchhaltung der Casa d'Este erstmals das Adjektiv *balsamico* im Zusammenhang mit dem Substantiv *aceto* zu lesen ist – um genau zu sein, handelt es sich um das Jahr 1747. Nun gut, könnte man sagen, schlimmstenfalls ist der hochgeschätzte Essig halt erst knapp 280 Jahre alt, das ist doch auch nicht gerade wenig. Für ausufernde Begeisterung ist es allerdings zu früh, denn damit steht keinesfalls fest, dass der in Dokumenten aus dem 18. Jahrhundert erwähnte Aceto balsamico der gleiche ist wie der von heute. Wer ein wenig mit dem Sprachgebrauch jener Epoche vertraut ist, wird eher auf die Idee kommen, der erwähnte Essig könnte aromatisiert gewesen sein, vielleicht mit darin gelösten Gewürzen.

Doch schieben wir diese destruktiven Gedanken einmal beiseite und schließen wir uns der populären Auffassung an, das heutige Produkt sei das direkte Erbe einer Tausende Jahre alten Geschichte. Egal, wann damit begonnen wurde, für uns heute ist Aceto balsamico das, was herauskommt, wenn man Most, dessen Trauben je nach Ursprungsbezeichnung ausschließlich aus den Provinzen Modena oder Reggio Emilia stammen, zum Eindicken einkocht, dann vergärt und mindestens zwölf Jahre lagert. Ich habe nicht vor, mich in die Details der unterschiedlichen Fässer und Phasen der Reifung zu verirren, und gehe auch nicht näher auf die diversen Hölzer ein, aus denen die Fässer gemacht sein müssen, worin der Essig in einer bestimmten Reihenfolge reift. Ich möchte hier vor allem unterstreichen, dass *Aceto balsamico tradizionale* ein ausgesprochen raffiniertes Produkt ist, dessen Qualität viel mehr vom Wissen des einzelnen Erzeugers abhängt als von der Einhaltung eines Regelwerks.

Unnötig darauf hinzuweisen, dass solche Sorgfalt und handwerkliche Kompetenz zusammen mit dem langen Reifeprozess diesen Essig zu einem raren und hochpreisigen Lebensmittel machen. Damit wir uns recht verstehen: Je nach Qualität und Alter kostet ein Liter 400 bis 1500 Euro. Aus diesem Grund bin ich mir so sicher, dass die wenigsten unter Ihnen diesen Essig bereits verkostet, geschweige denn gekauft haben.

Im Zusammenhang mit Aceto balsamico tradizionale über Geld zu sprechen, ist indessen nicht besonders sinnvoll, da er in Wahrheit nie in kommerziellen Dimensionen produziert wurde, sondern nur von einigen adeligen und bürgerlichen Familien zum Eigenverbrauch und als Tausch- und Repräsentationsobjekt – so wie hausgemachte Tomatenkonserven oder Marmeladen, nur auf einem hinsichtlich Raffinesse und technischer Anforderungen viel höheren Niveau. Im Übrigen beläuft sich die aktuelle Produktion von Aceto balsamico tradizionale auf 10.000 Liter pro Jahr, was sehr viel ist, vergleicht man die Menge mit der von vor einigen Jahrzehnten, als es dafür noch keine Absatzkanäle gab.

Wann genau sind diese Kanäle entstanden? Diese hochinteressante Frage erlaubt es, die ganze Balsamico-Angelegenheit in einem neuen Licht zu betrachten. Es ist noch gar nicht so lange her, da bekam man in Geschäften keinen Tropfen Aceto balsamico tradizionale, sondern musste nach Modena oder Reggio fahren, um eventuell die Bekanntschaft eines Essigherstellers oder von jemandem zu machen, der ein paar Fässchen besaß, in denen er den Essig reifen ließ. Darüber hinaus musste man das Glück haben, einen wirklich guten Produzenten zu erwischen, der den nötigen Satz Fässer vielleicht schon von seinen Eltern oder Großeltern geerbt hatte.

Dieser nur halboffizielle Handel in Kombination mit den folkloristischen Aktivitäten der diversen Vereine und Bruderschaften nährte jedenfalls den Mythos eines Produkts, das in Privathäusern zwischen Modena und Reggio Emilia lagerte. Etwa Mitte der 1970er-Jahre entdeckte die gehobene Gastronomie auch außerhalb der Region diese besondere Würze und fing an, sie in immer wertigeren und begehrteren Gerichten einzusetzen.

Das war der Zeitpunkt, als die Lebensmittelindustrie die Delikatesse zur Kenntnis nahm und von ihrem Mythos zu profitieren beschloss. So entstand der *Aceto balsamico di Modena*, der mit dem *Aceto balsamico tradizionale* nichts zu tun hat. Im Prinzip ist Aceto balsamico di Modena normaler Weinessig mit etwas Traubenmost und Karamell (Zuckercouleur). Ein Liter normaler Weinessig kostet etwa einen Euro, *Aceto balsamico di Modena*, selbst von minderer Qualität, kostet selten weniger als drei Euro, in den Supermarktregalen stehen aber auch Flaschen für zehn bis fünfzehn Euro pro Liter. Das ist zwar nichts verglichen mit den Hunderten oder tausend Euro für den traditionellen Balsamessig, allerdings werden vom Massenprodukt jährlich fünfzig Millionen Liter hergestellt, im Gegensatz zu den besagten etwa zehntausend Litern vom *tradizionale*.

Zwei völlig unterschiedliche Produkte mit nicht vergleichbarer kommerzieller Bedeutung, die dennoch den fast gleichen Namen tragen. Eine Zeit lang gab es überhaupt keinen Unterschied, bis sechs Jahre nach Einführung des DOC-Siegels für *Aceto balsamico di Modena* im Jahr 1977 das Adjektiv *tradizionale* durch einen Ministerialerlass der Bezeichnung hinzugefügt wurde. Bis es zwei unterschiedliche Ursprungsbezeichnungen gab, musste man sogar bis zum Jahr 2000 warten, und erst 2009 wurde *Aceto balsamico di Modena* zur geschützten geografischen Angabe (IGP).

Ganz offensichtlich haben beide Produkte mit der Doppeldeutigkeit gespielt, und auch heute noch, wo es für sie unterschiedliche Bezeichnungen und Produktionsbestimmungen gibt, nützt diese Überschneidung beiden. Abgesehen davon besteht für potenzielle Käuferinnen und Käufer keine Verwechslungsgefahr, denn *Aceto balsamico tradizionale* wird nur auf einem Nischenmarkt gehandelt, zu dem vor allem Profis (insbesondere die Gastronomie) und Fachleute Zugang haben. Es besteht also nicht die Gefahr, dass Sie sich im Supermarkt versehentlich ein Fläschchen für fünfzig Euro in den Einkaufswagen legen und eigentlich die übliche Drei-Euro-Flasche wollten, schon allein, weil Ersteres in Supermärkten noch nie gesichtet wurde.

Somit scheint mir ziemlich klar zu sein, was – wie immer zwischen den 1970er- und 80er-Jahren –

passiert ist. Die Industrie hat ein neues Produkt erschaffen und dafür den Namen einer Spezialität genutzt, die bereits über ein gewisses Renommee verfügte, aber aufgrund der nichtkommerziellen Produktion und vor allem des exorbitant hohen Preises niemals eine offizielle Anerkennung nötig hatte. Von da an wirkte eine Art von Marktmagie: Für beide Produkte wurden unterschiedliche Konsortien und Marketingschienen geschaffen, und die Narrative beider befruchteten sich gegenseitig: Die Nahrungsmittelindustrie kann dank eines ruhmreichen Namens unverhältnismäßig hohe Preise für ein billiges Massenprodukt verlangen; umgekehrt profitiert ein handwerkliches und privates Produkt von einer Werbung, die angesichts des geringen Produktionsumfangs und Umsatzes unvorstellbar wäre.

Dass eine industrielle Produktion auch eine Erzeugung im handwerklichen Maßstab mitziehen und das Gebietsmarketing ankurbeln kann, zeigt sich einerseits an der kuriosen Entwicklung des *Aceto balsamico tradizionale di Reggio Emilia* DOP, andererseits an der ebenso kuriosen Ausbreitung kommunaler Betriebe zur Essigherstellung *(acetaie comunali)*, die ausschließlich dem Gebietsmarketing dienen, da sie ja in der Geschichte und den Produktionsstrukturen des traditionellen Aceto balsamico keinen Platz haben.

Man kann im *Aceto balsamico di Modena* die Demokratisierung eines Luxusprodukts sehen, vielleicht zu Recht. Nur die wenigsten könnten sich jemals ein Fläschchen des traditionellen Balsamico leisten, und viele wüssten ihn vielleicht nicht einmal zu schätzen, alle jedoch können in den Supermarkt laufen, eine Flasche *Aceto balsamico di Modena* kaufen und sich für wenig Geld auf einen Streich die alten Römer, Mathilde von Canossa, Lodovico Ariosto und praktisch die gesamte Renaissance ins Haus holen. Und mit der Schönheit Italiens macht man dann seinen Salat an.

XII.

Die wahren Konquistadoren der Schokolade von Modica

Über den Ursprung der Modica-Schokolade gibt es eine wirklich bizarre Geschichte, was beim flüchtigen Lesen wahrscheinlich nicht auffällt, einen aber unweigerlich zum Lachen bringt, wenn man ein bisschen mitdenkt. Kurz gesagt hätten zwei spanische Konquistadoren in Mexiko (das damals noch nicht Mexiko, sondern Neuspanien hieß) von den Azteken gelernt, wie man Schokolade macht, und sich anschließend nach Sizilien begeben, das damals wie Mexiko zum spanischen Reich gehörte, um auf der Insel die uralte Technik der Kakaoverarbeitung zu verbreiten.

Also bitte, malen Sie sich aus, wie kurz nach Kolumbus' Entdeckungsfahrt die zwei spanischen Soldaten nach Mexiko versetzt werden, wo ihnen ein aztekischer Konditor, möglicherweise kurz bevor sie ihn niedermetzeln, noch schnell das Geheimnis anvertraut, wie man mit Kakaobohnen umgeht. Und dann wird einer der beiden Feinschmecker in ein anderes spanisches Herrschaftsgebiet, nämlich Sizilien, geschickt. Ich sehe den armen Soldaten förmlich vor mir, er hat Tränen in den Augen, als er den Versetzungsbescheid erhält: »Oh nein, so ein Mist, wo ich in Neuspanien gerade erst so viele Freunde gefunden habe, soll ich nach Sizilien … Na gut, keine Sorge, Freunde, wenn ich erst mal dort bin, richte ich solchen Unsinn an, dass sie mich sofort wieder hierher strafversetzen.« Genau so muss es gelaufen sein. Dann aber misslang der Plan des armen Konquistadoren – wie es halt oft so geht –, denn egal was er auch anstellte (er hatte sogar einen Onkel, der einen Kammerdiener Philipps II. kannte), er kam aus Sizilien nicht mehr weg.

Es handelt sich hier um ein klassisches Beispiel dessen, was ich als »Familie-Feuerstein-Syndrom« bezeichnen würde, nämlich die absurde Vorstellung, die Gesellschaften jeder Epoche, auch der entferntesten, seien sozioökonomisch genauso strukturiert gewesen und hätten genauso funktioniert wie unsere, nur mit weniger fortschrittlicher Technik.

Doch zweifellos hat diese komplett erfundene Geschichte von der Entstehung der Modica-Schokolade etwas Faszinierendes – weil einfach alles drin ist: die Schiffe über den Atlantik, die Eroberung Amerikas, das spanische Sizilien und vor allem die Azteken. Gerade die Azteken haben sich vom Gegenstand historischer und ethnografischer Forschung zum Kultobjekt gewandelt, manchen gelten sie gar als Dreh- und Angelpunkt der Menschheitsgeschichte. Mit ihnen lässt sich praktisch alles erklären, bei ihnen war so gut wie alles schon einmal da. So ähnlich wie bei den Tempelrittern: Wenn einem die Argumente ausgehen, zaubert man die Templer oder die Azteken hervor – zur Not mit ein bisschen Gewalt –, und alles fügt sich.

Es ist natürlich sehr beruhigend, etwas in petto zu haben, was dem Unfassbaren Sinn verleiht und eine stockende Erzählung wieder zum Laufen bringt. Doch wenn eine Geschichte hakt, dann hakt sie, da kann man leider nichts machen.

Die Schokolade von Modica ist möglicherweise auf nicht ganz so abenteuerliche Weise entstanden und doch eine Erfolgsgeschichte. Und sie ist das wirklich besondere Produkt eines großen Unternehmergeistes. Es mag Leute geben, die ihre bröselige Konsistenz nicht so mögen, in jedem Fall hebt sie sich damit von den gängigen Konkurrenzschokoladen ab.

Vergessen wir also die Azteken und Konquistadoren und stellen wir fest, dass Modica schon immer ein bedeutendes wirtschaftliches und administratives Zentrum im südöstlichen Sizilien war, weswegen sich in dem Städtchen ausgesprochen wohlhabende adelige und bürgerliche Familien sammelten. Wie immer in solchen Fällen führt die dauerhafte Präsenz einer sozialen Schicht mit dem Bedürfnis nach gehobenem Konsum zur Entstehung und Verbreitung entsprechender wirtschaftlicher Aktivitäten, wie zum Beispiel der handwerklichen Herstellung hochwertiger Süßwaren. Denn Confiserien haben von allen Lebensmittelgeschäften wohl den größten Genussfaktor. So haben Beobachter und Chronisten häufig die in Modica auffallende Dichte an Konditoreien, Konfiserien und sonstigen Kleinbetrieben betont, die auf die Herstellung von Süßigkeiten und Schokolade spezialisiert waren. Diese Konzentration von Läden mit entsprechender Produktion haben zu einer Gleichsetzung von Örtlichkeit und Produkt geführt, wie in Hunderten anderen Orten Italiens und anderswo. Was heute als Industriedistrikt oder Cluster bezeichnet wird, ist nichts anderes als ein nicht allzu ausgedehntes Gebiet, in dem sich – aus unterschiedlichen Gründen – viele Betriebe des gleichen Sektors angesiedelt haben. Andere Beispiele wären Prato (Toskana) für den Textilbereich, Sassuolo (Emilia-Romagna) für Fliesen oder Cantù (Lombardei) für die Möbelindustrie.

Deshalb thematisierte in den 1950er-Jahren die Ethnologin Carmelina Naselli in einem ihrer Bücher die traditionelle Schokolade aus Modica, und der sizilianische Schriftsteller Leonardo Sciascia machte einige Jahrzehnte später in der Schokoladenherstellung ein wichtiges Element der Identität dieser Stadt aus. Gerade jedoch Sciascias Text liefert einen grundlegenden historischen Aspekt gleich mit: Sein Vergleich zwischen dem sizilianischen Ort und der Stadt Alicante zeigt, wie stark sich die Schokoladenherstellung ähnelt. In Alicante wurde (und wird in kleinerem Umfang noch heute) hervorragende

Milch- und Bitterschokolade produziert, aromatisiert mit Vanille, Zimt oder anderen Gewürzen. Es war vermutlich der Einsatz dieser besonderen Zutaten, die die Schokolade von Alicante zur engen Verwandten der Modica-Schokolade machten, bestimmt nicht die Verarbeitung *a freddo* (kalt), die man in Alicante nie praktizierte und nie praktizieren wird und mit der man in Modica erst nach der Veröffentlichung von Sciascias Text begann.

Die ersten zaghaften Versuche, Schokolade ohne die Trennung der Kakaobutter von den vermahlenen Bohnen bei relativ niedriger Temperatur herzustellen, sodass die Kristalle des hinzugefügten Zuckers sich nicht lösen und die Masse relativ krümelig bleibt, machte vermutlich Franco Ruta zwischen 1990 und 1992, als er die Geschäftsführung der Dolceria Bonajuto von seinem Vater übernahm. Es handelte sich dabei in der Tat um ein altes Verfahren, das europäische Schokoladenfans allerdings nie besonders zu schätzen wussten beziehungsweise das in Europa vielleicht gar nicht bekannt war. Europäer begannen Schokolade in Form von Tafeln überhaupt erst nach 1847 zu konsumieren, als die englische Firma Fry & Sons ihre glatten, gleichmäßigen Tafeln auf den Markt brachte, die nach der 1828 von van Houten patentierten sogenannten holländischen Methode hergestellt wurden.

Franco Ruta hatte ohne Zweifel eine glückliche Eingebung, bald imitiert von vielen anderen Confiserien in Modica, die sich einer alten und tief verwurzelten Tradition rühmten. Der unmittelbare Erfolg dieses Produkts in Kombination mit einer wahrhaft fesselnden Erzählung förderte die Identifikation der Stadt mit der Schokolade, in diesem Fall nicht ein gewöhnliches, wenn auch hochwertiges, sondern ein wirklich unverwechselbares Erzeugnis. Von da aus war es kein großer Schritt mehr, die Schokolade und ihre Legende auch als attraktives Element für das Tourismusmarketing zu nutzen.

2003 wurde das Schutzkonsortium gegründet, in dem heute etwa zwanzig Produzenten vereint sind, und ein paar Jahre später starteten die vielfältigen Initiativen und Aktivitäten zur Aufwertung der Modica-Schokolade. 2014 wurde schließlich ein Schokoladenmuseum eingeweiht. Heute erkennt die Region Sizilien die Schokolade aus Modica als PAT (*prodotto agroalimentare tradizionale*, traditionelles Agrar- oder Nahrungsmittelprodukt) an, seit der EU-Durchführungsverordnung 2018/1529 von 2018 trägt sie auch das IGP-Siegel.

Das ist wahrscheinlich das wahre Wunder: nicht dass man ein altes Rezept wiederbelebte, sondern dass es öffentlichen Institutionen und der Privatwirtschaft innerhalb von nur gut fünfundzwanzig Jahren gelungen ist, die Wirtschaft vor Ort auf ganz erstaunliche Weise in Schwung zu bringen. Was beispielsweise die Azteken nicht geschafft haben.

XIII.

Schwein gehabt

»Vom Schwein wird nichts weggeworfen« – in Italien hört man diese Aussage oder sogar sprichwörtliche Redewendung ständig. Es handelt sich dabei um einen der wenigen Fälle, in denen volkstümliches Wissen wirklich zutrifft.

Weil man aus Schwein die unterschiedlichsten Dinge, nicht nur Nahrungsmittel machen kann, wird dieses Tier praktisch überall gehalten, in Italien, in ganz Europa und vielen Regionen weltweit. Dauerhaft und flächendeckend sind Schweine auf dem Gebiet Italiens erst nach der Völkerwanderung präsent, da die römische Esskultur mehr auf Schaf und Getreide basierte. Schweinefleisch war nicht komplett unbekannt, auch in der römischen Küche wurde es verwendet, doch die daraus hergestellten Gerichte und Produkte gehörten, so viel lässt sich sagen, nicht unbedingt zu den typischen Spezialitäten des Römischen Imperiums.

Zweitausend Jahre später hat jede italienische Provinz, wahrscheinlich sogar jede einzelne Gemeinde, ihre eigene aus Schweinefleisch gemachte Spezialität. Im Zusammenhang mit Schinken habe ich bereits auf die Freilandhaltung und die Bedeutung von Wäldern hingewiesen, weswegen sich nicht behaupten lässt, bestimmte Gebiete des Stiefels seien aus historischen oder geografischen Gründen besser für die Schweinezucht geeignet gewesen als andere. Die Folgen für den Schinken habe ich bereits geschildert: die explosionsartige Vermehrung von geschützten Ursprungsbezeichnungen. In Italien gibt es heute neununddreißig DOP- oder IGP-Erzeugnisse auf der Basis von Schweinefleisch, dazu kommt eine schier unübersehbare Zahl an PAT: Allein in den Abruzzen sind es neunzehn, in der Basilikata siebzehn und in Kalabrien vierundzwanzig. Im Alphabet bei C (wie Calabria) angekommen, habe ich aufgehört zu zählen, meinetwegen soll jemand anders weitermachen ... denn hier scheint offenbar jedes Maß verloren gegangen zu sein.

Fassen wir zusammen: Im Mittelalter gab es Schweine überall in Italien. Sie stellten einen wertvollen Fleisch- und Kalorienvorrat dar, auch weil sie kostengünstig und ohne größeren Aufwand zu halten waren. Nicht zufällig haben die klassischen Sparbüchsen noch heute die Form eines Schweins, die Tiere boten denen, die es sich leisten konnten, eine gute Investitions- und Sparmöglichkeit. Dabei muss man allerdings eine Sache klarstellen: Die bis zum Ende des 19. Jahrhunderts in Italien verbreiteten

Schweine waren nur entfernte Verwandte der heutigen – andere Rassen, andere Größe, anderes Fleisch, andere Fütterung. Insofern lassen sich auch die Produkte von damals nur schwer mit den heutigen Wurstwaren und Schweinefleischgerichten vergleichen. Aufgrund der Freilandhaltung handelte es sich eher um Wildschweine als um die hübschen rosafarbenen Tiere, die wir kennen. Die heutigen Schweine gehören zur Rasse »Large White«, die um die Mitte des 19. Jahrhunderts aus England nach Italien gelangte und in kurzer Zeit die anderen italienischen Rassen verdrängte. Die Large White sind größere Tiere, die somit mehr Fleisch liefern, außerdem robuster und fruchtbarer sind und viel schneller wachsen als alle anderen Schweinerassen. Darum fackelten die Bauern nicht lange und ersetzten ihre einheimischen Schweine durch die englischen, ohne sich um Biodiversität oder die Wahrung alter Traditionen zu scheren. Wer Hunger hat, hat weniger Skrupel …

Dieser Wechsel hatte auch für die Herstellung haltbarer Fleischwaren Konsequenzen. So wurde beispielsweise der Schinken, bis dahin wegen seiner geringeren Größe geringer geschätzt als Mortadella, aufgrund der Verbreitung des Large White mit seiner ausgezeichneten, großen Keule eines der wichtigsten Produkte. Was sich bis in die 1950er-, 1960er-Jahre nicht änderte, war die Schweinehaltung: Bis auf einige Großbetriebe vorwiegend in der Po-Ebene waren es immer noch einzelne Bauern, die zum Teil nur ein einziges Schwein nun nicht mehr im Freiland, sondern in kleinen Ställen aufzogen – was wiederum einem für eine archaische Agrargesellschaft typischen Beruf das Überleben sicherte: dem *norcino*, dem Schweinemetzger. Da die Bauern nicht über die nötigen Fähigkeiten zur Schlachtung und Verarbeitung des Fleischs verfügten, nahmen sie die Dienste dieses mobilen Handwerkers in Anspruch, der in der traditionellen Schlachtzeit zwischen Andreastag (30. November) und Antoniustag (17. Januar) über Land zog.

Die wandernden Metzger hatten einen begrenzten Aktionsradius und machten sich untereinander keine Konkurrenz, weswegen territoriale Monopole entstehen konnten. Außerdem engagierte ein Bauer nur einen Metzger seines Vertrauens, und so hatte jede Gegend ihren mehr oder weniger persönlichen *norcino*, wobei sich je nach Menge der gehaltenen Schweine auch mehrere Personen die Arbeit teilen konnten. Diese Mono- oder Oligopole führten unweigerlich zu einer starken Differenzierung der Methoden: Jeder Schweinemetzger hatte seine eigenen Verfahren, Kessel, Fleischzuschnitte und Rezepte. Daraus jedoch derart viele gebietstypische Spezialitäten abzuleiten, geht zu weit, vor allem, wenn diese beanspruchen, für eine ganze Region typisch zu sein. Wie gesagt waren die Regeln der Fleischverarbeitung in keiner Weise kodifiziert, jeder *norcino* arbeitete mit

Erfahrungswerten und den Methoden seines jeweiligen Lehrmeisters (in der Regel der eigene Vater).

Viel sinnvoller wäre die unermüdliche Suche nach dem Speziellen und Typischen aus ethnologischem oder anthropologischem Interesse. Völlig unverständlich ist jedoch, wohin in ökonomischer und ernährungswissenschaftlicher Sicht der Anspruch führen soll, aus der Erfahrung gewonnene Techniken in Regelwerke zu pressen, die in der Gegenwart zu etwas verpflichten, was in der Vergangenheit häufig dem Zufall geschuldet war. Noch unsinniger sind die Geschichten einer idyllischen bäuerlichen Welt, während die Menschen in Wahrheit ständig mit Nahrungsmittelknappheit und Hunger zu kämpfen hatten. Auf den Websites der Schutzkonsortien diverser Produkte aus Kalabrien und der Basilikata zu lesen, wie das Schweinefleisch den Hunger der bäuerlichen Familien stillte, könnte einen zum Lachen bringen, würde es nicht so wütend machen. Korrekt wäre, dass es *einige wenige* dieser Familien satt machte, während viele andere täglich Hunger litten und die Gegend, sobald sie nur konnten, verließen, um anderswo ihr Überleben zu sichern.

Man sollte es klar und deutlich aussprechen: Wäre das italienische Landleben wirklich so schön und gesundheitsfördernd gewesen, hätten dann fünfzehn Millionen Menschen das Land, in dem sie geboren wurden, verlassen? Was ich schon in Sachen Pizza und Pasta gesagt habe, gilt auch für Pressack,

Pancetta und Salami: Wenn es zu Hause so viel Wurst gegeben hätte, warum hätten die Leute als Arbeitssklaven nach Amerika auswandern sollen? Wer wissen möchte, wie die süditalienischen Bauern tatsächlich lebten und wie die Schweinehaltung in Wirklichkeit aussah, sollte nicht den Websites irgendwelcher DOP-Produkte und den schönen Legenden zu den vielen regionalen Salamispezialitäten Glauben schenken. Besser, man liest Carlo Levis Roman *Christus kam nur bis Eboli* und darin insbesondere die Beschreibung des Alltags in den Höhlen von Matera im Jahr 1936. Das vertreibt so einige Klischeevorstellungen ein für alle Mal aus dem Kopf.

XIV.

Der regionaltypische Kreuzzug für die Focaccia di Recco

Auf der ganzen Welt wird Brot gebacken. In jedem Land, jeder Region, jeder Provinz (oder jedem Landkreis) kann es spezielle Rezepte dafür geben. Selbst jede Bäckerei bäckt individuell. Brotbacken ist eine der Tätigkeiten, die sich aufgrund ihrer Eigenheiten einer Regelung oder Standardisierung widersetzen. Zwar haben in der vorindustriellen Zeit Verwaltungen den Bäckern bestimmte Formen und Backzeiten vorgeschrieben, um zu verhindern, dass die Kundschaft nicht durchgebackene Brote bekam, die bei gleichem Gewicht mehr Wasser als Mehl enthielten. Doch abgesehen von diesen Vorschriften zum Schutz der Käuferinnen und Käufer war es das Können der Bäckerei, das die Qualität des Endprodukts bestimmte.

Die jahrhundertealten Regelungen vor Ort sowie die Eigenheiten der Herstellung, deren Methoden bis vor nicht allzu langer Zeit mündlich weitergegeben wurden, haben für die ausgeprägt regionaltypischen Charakteristika dieses Lebensmittels gesorgt. In der Praxis sind Brot und andere Backerzeugnisse tatsächlich die einzigen Lebensmittel, bei denen man mit Fug und Recht von italienischer Regionalküche sprechen kann. Während in Frankreich eine landesweite Gesetzgebung frühzeitig für eine einheitliche Form von Brot, das berühmte Baguette, sorgte, haben sich in Italien verschiedene Brotformen und -typen etablieren können. Ein lokaler Brotstolz ist in der Tat weit verbreitet, und er scheint mir angesichts der einzig echten regionaltypischen Eigenheiten in Italien auch gerechtfertigt.

Aber wie immer in Italien haben wir es mit dieser Begeisterung ein wenig übertrieben, und von einer Einteilung nach Region oder bestenfalls noch Provinz (die, teils wegen der spezifischen Zutaten, historisch begründet sein kann) sind wir inzwischen bei einem völlig widersinnigen backwarenspezifischen Lokalpatriotismus gelandet. Es gibt dazu wirklich zahlreiche Beispiele, und die politischen Bestrebungen, nationale oder europäische Schutzsiegel zuerkannt zu bekommen, hat ihre Zahl noch einmal in die Höhe getrieben. Ein aktueller Fall mit wirklich groteskem Ergebnis ist die *Focaccia di Recco col formaggio* IGP.

Für diese Geschichte muss man sich innerhalb Liguriens ganz nah an Recco heranzoomen, aber wenn man es ein bisschen überspitzt, könnte man auch in ganz Norditalien anfangen, denn Focacce

(Fladenbrote), die den ligurischen ähneln, finden sich von Triest bis Ventimiglia. In den Provinzen Mantua, Ferrara und Rovigo wird beispielsweise eine Focaccia mit Zwiebeln gebacken, *tiròt* im Dialekt von Mantua, die der aus Genua gleicht, so wie man mehr oder weniger in der gesamten Emilia mit Gemüse und Käse gefüllte Focacce bäckt. Bleiben wir jedoch in Ligurien. Berühmt ist die *Focaccia genovese*, die bekanntermaßen in vielen Varianten in der gesamten Region hergestellt wird. Die einfachste Version wird nur mit Öl und Salz verfeinert, aber es kommen auch diverse Gemüsesorten, Zwiebeln, Oliven und Käse zum Einsatz. Womit wir schon beim Thema wären: Focaccia mit Käse wird mehr oder weniger überall gebacken (und offen gesagt nicht nur in Ligurien), aber rund um Recco haben sie sich eben in den Kopf gesetzt, dass ihre etwas ganz Besonderes ist. Was rein theoretisch sogar stimmen könnte, aber eben eher aus den anfangs genannten Gründen: Jeder Bäcker hat seine eigenen Rezepte und seine persönlichen Lieferanten für die Zutaten und hat den Beruf von jemandem aus seiner Umgebung gelernt.

Dass man Focaccia mit Käse in Recco, im restlichen Ligurien und in ganz Nord- und Mittelitalien herstellte, hat die Bäckereien und Restaurants in Recco jedenfalls nie gestört. Die Probleme begannen erst, als der Tourismus stagnierte und man sich gezwungen sah, neue Attraktionen zu präsentieren. Und wieder einmal, wie auch anderswo in Italien, fand man in der Kulinarik die schnellste und einfachste Lösung, und die lautete so: Das Meer gibt es überall, aber wer Focaccia mit Käse probieren will, muss zu uns kommen. Gute Idee, wäre da nicht das vorhin schon angesprochene kleine Problem: Auch Focaccia mit Käse macht man überall, nicht nur in Recco.

Wer nun denkt, derartige Hürden könnten die kühnen Hüter der Tradition entmutigen, irrt gewaltig. Als erster Schritt wurde 1977 ein schönes Konsortium gegründet, das die Marke *Autentica Focaccia col Formaggio di Recco* eintragen ließ, dann machte man sich daran, alle nur erdenklichen und verfügbaren Siegel zu beantragen. Natürlich tauchten von da an plötzlich jede Menge Dokumente und literarische Texte auf, die belegen konnten, dass Focaccia bereits seit der Zeit der Kreuzzüge in Recco gebacken wurde, während im Rest der Welt das Brot bekanntlich noch nicht erfunden war …

Wie dem auch sei, im Jahr 2005 verpasste sich das Konsortium einen neuen Look, und siehe da, 2011 erhielt man das heiß ersehnte IGP-Siegel. 2015 schließlich nahm die EU die Focaccia di Recco in die Liste der geschützten Produkte auf.

Der ganze Aufwand nur, um von nun an gegen alle vorgehen zu können, die in Ligurien und darüber hinaus Focaccia mit Käse backen und eventuell noch die Frechheit besitzen, sie »di Recco« zu nennen. Denn darum dreht sich letztlich alles: Es reicht nicht, nur die überaus strengen Herstellungsvorschriften zu befolgen, um die eigene Focaccia als »di Recco« bezeichnen zu dürfen, nein, in dem reizenden ligurischen Dorf haben sie es wirklich bis zum Äußersten getrieben. Eine Focaccia ist nur dann »di Recco«, wenn sie auch in Recco gebacken wurde. Das wirtschaftliche Interesse hinter der ganzen Aktion ist überaus durchsichtig: Das Konsortium interessiert sich wenig für die Tradition, dafür sehr für die Schaffung eines Monopols.

Aber der Teufel des Ortstypischen steckt nun mal im Detail, was man am Fortgang der Geschichte sehen kann. Dazu muss man wissen, dass die Regeln für die *Focaccia di Recco col formaggio* IGP vorschreiben, sie in Recco oder den drei angrenzenden Gemeinden Avegno, Camogli und Sori zu backen. Außerhalb deren Grenzen darf sie nicht nur nicht hergestellt, sondern auch nicht verkauft werden – was genau genommen ein Widerspruch in sich ist. Denn geschützte Ursprungsbezeichnungen sollen ja die Besonderheit und traditionelle Herstellung eines Produkts garantieren, auch wenn es außerhalb seines Produktionsgebiets verkauft wird – eigentlich gerade dann. Schwachsinn lautet also der Fachbegriff für die erdachten Regeln.

Und gleich im Jahr 2015 ereignet sich ein Präzedenzfall: Das Konsortium zum Schutz der *Focaccia di Recco col formaggio* IGP baut auf der Handwerksmesse in Rho (Lombardei) einen Stand mitsamt Ofen und

Verkostung ihrer regionaltypischen Spezialität auf, und keine halbe Stunde später steht die Lebensmittelpolizei auf der Matte. Man kann sich die surreale Szene ausmalen:

»Tut mir leid, Leute, wir befinden uns hier außerhalb der Produktionszone, bitte packt zusammen und fahrt nach Hause.«

»Entschuldigen Sie, aber wir sind doch vom Konsortium, wir dürfen die Focaccia doch backen.«

»Auf keinen Fall, kennen Sie denn die Vorschriften nicht?«

»Doch, schon, die sind doch von uns …«

»Tja, also, dann gehen wir sie halt noch mal durch. Da steht's schwarz auf weiß: Die Bezeichnung *Focaccia di Recco col formaggio IGP* darf nicht für Produkte verwendet werden, die außerhalb der Produktionszone hergestellt und serviert werden. Punkt. Schleicht euch!«

Also alle ab nach Hause, mit einer Anzeige wegen Handelsbetrugs für die Verantwortlichen des Konsortiums im Gepäck.

Gute Arbeit, muss man sagen. An der Riviera bricht daraufhin ein Bürgerkrieg aus, unter Beteiligung des Bürgermeisters, der die Zuerkennung des IGP-Siegels auch als seinen Erfolg reklamiert hat und dem nun klar wird, dass die Sache einen Bumerangeffekt hat. In der Folge kehren viele Hersteller und Restaurants dem Schutzkonsortium den Rücken, vor allem diejenigen, die ihre regionaltypischen Fladenbrote schon bisher auch außerhalb verkauften, und von den Verpackungen verschwindet nach und nach die offizielle Bezeichnung.

Damit lässt sich die geschützte Ursprungsbezeichnung als ein aufsehenerregendes Eigentor bezeichnen. Um Werbung für Recco zu machen, verbietet man die Benutzung des Namens außerhalb seiner Grenzen. Bei dieser Focaccia handelt es sich wohl um den weltweit einzigartigen Fall eines Produkts, das aufgrund eines Übermaßes an Schutz unterzugehen droht.

XV.

Alles Käse

»Wie wollen Sie ein Land regieren, das 246 Käsesorten hat?«, soll sich Charles de Gaulle 1962 bei einem Journalisten von *Newsweek* beklagt haben. Der Vater der Fünften französischen Republik wollte damit auf die unverwüstliche regionale Pluralität verweisen, die das ländliche Frankreich schon immer auszeichnete. Was er wohl zum Italien des Jahres 2017 gesagt hätte, mit den 55 DOPs und IGPs und 482 PATs, also 537 regionaltypischen Käsesorten, zu denen eine nicht quantifizierbare Menge von De.Co. (*Denominazioni Communali*, kommunalen Ursprungsbezeichnungen), Slow-Food-Auszeichnungen sowie Käse in Erwartung eines Siegels hinzukommen. Wenn ich also zusammenfassend behaupte, in Italien gebe es etwa tausend Käse, die sich ihrer regionaltypischen Besonderheit rühmen oder gerne rühmen würden, entferne ich mich vermutlich nicht allzu weit von der Realität. De Gaulle jedenfalls würde von dem Versuch, Italien zu regieren, die Finger lassen.

Überlegen Sie mal: tausend regionaltypische Sorten! Stellen Sie sich eine Italienkarte vor und verteilen Sie darauf tausend Fähnchen – das können Sie blind machen, einen Treffer landen Sie überall. Und all diese Käse reklamieren für sich uralte Wurzeln, mindestens aus dem Mittelalter, wenn möglich aber römische oder etruskische. Rechnen Sie nach: Die Bevölkerung Italiens schwankte von der Antike bis zum Mittelalter zwischen acht und zehn Millionen – hätte es da Raum, Ressourcen und Nachfrage für die Erfindung von tausend verschiedenen Käsesorten gegeben? Hätte die Zahl der Kühe, Ziegen und Schafe ausgereicht? Ich spreche nicht von Laiben, das hätte vielleicht noch geklappt, sondern tausend Sorten, von denen nicht täglich ein Exemplar, sondern Dutzende oder Hunderte Laibe, Räder oder Ähnliches hergestellt wurden. Es handelt sich hier ganz offensichtlich um einen kollektiven Rausch.

Ein doppelter Rausch, wenn man bedenkt, dass es in den 1960er-Jahren, als De Gaulle von 246 französischen Käsen sprach, in Italien nur rund dreißig Spezialitäten gab. Auch in diesem Fall ist die Zahl der regionaltypischen Sorten in den darauffolgenden Jahrzehnten explodiert. Die Industrie spielt dabei keine geringe Rolle, wenn man nur an Gorgonzola, Taleggio und Stracchino denkt, die ihre Etablierung dem Bemühen weniger großer italienischer Marken verdanken. Erst als diese Unternehmen (speziell Galbani, Locatelli und Invernizzi) Probleme bekamen oder den Eigentümer wechselten und von multinationalen Konzernen geschluckt wurden, gründete man lokale Firmen, die sich spezialisierten. In Norditalien wurde damit ein Mechanismus in Gang gesetzt, den ich bereits in Bezug auf Olivenöl beschrieben habe.

Aber der Reihe nach. Käse wurde schon immer praktisch überall hergestellt. Wo immer Rinder für die Feldarbeit und Schafe für die Wolle gehalten wurden, suchte man auch eine Verwendung für die Milch. In einem bestimmten Gebiet, egal welcher Größe, wurde Käse nach dem gleichen Verfahren hergestellt. Rezepte gab es nicht, die Methoden wurden mündlich tradiert. Mit dem Jahreslauf ändern sich die Fütterung, die Gewohnheiten und das Verhalten der Tiere und damit auch ihre Milch. Daher gab es für das Käsen Zeitpläne; bestimmte Sorten wurden nur in einer bestimmten Jahreszeit hergestellt. Sieht man einmal von einigen wenigen Unternehmen relevanter Größe ab, die bereits vor dem Zweiten Weltkrieg existierten, war die Herstellung von Molkereiprodukten aufgrund logistischer Probleme, der Konservierung der Milch und dem Fehlen einer effektiven Kühlkette, in unzählige kleine Produzenten aufgespalten. Das ist die ehrliche Geschichte der Käseproduktion in einer von Armut geprägten Landwirtschaft. Es gab einige privilegierte Gebiete, vorwiegend in der Po-Ebene, wo die Genossenschaftsbewegung in diesem Sektor bereits seit

Beginn des 20. Jahrhunderts aktiv war und die ersten Gemeinschaftsmolkereien gegründet wurden. So sah die Realität bis zum Ende des Kriegs aus.

Wie immer in der Landwirtschaft änderte sich das nur langsam, doch um die Mitte der 1950er-Jahre steigerte sich in Italien der Konsum so stark wie nie zuvor. Die Zunahme betraf praktisch sämtliche Bereiche und damit auch den Molkereisektor. In diesem Umfeld gelang einigen Unternehmen ein Sprung in eine andere Dimension, indem sie durch signifikante technische Investitionen in den Bereichen der Beschaffung und des Vertriebsnetzes die historisch bedingten geografischen Grenzen sprengten. Das trifft auf die Firma Galbani zu, die bereits vor dem Krieg über drei Produktionsstätten in den Provinzen Mailand und Pavia verfügte, auf Invernizzi, ebenfalls schon in den 1930er-Jahren gut aufgestellt, sowie auf Locatelli. Diese drei Firmen, alle in einer der Regionen mit den größten Rinderbeständen, der Lombardei, angesiedelt, konnten ihre Vormachtstellung auf dem nationalen Markt mit bereits bekannten Sorten wie Grana, Crescenza und Taleggio behaupten, aber auch mit (mehr oder weniger) neuen Entwicklungen, wie diversen Weichkäsen oder dem berühmten Bel Paese, den Galbani schon zu Beginn des 20. Jahrhunderts kreiert hatte, der sich aber erst jetzt landesweit durchsetzte. Ein eigenes Kapitel würde der Gorgonzola verdienen, der in großen Teilen Italiens lange Zeit unter dem Handelsnamen »Gim« bekannt war, mit dem Invernizzi ihn auf den Markt gebracht hatte.

Galbani, Invernizzi und Locatelli waren zusammen mit den Genossenschaften (deren Bedeutung im Molkereisektor noch zunehmen würde) in der Lage, den größeren Markt zu versorgen und die landesweit wachsenden Milchmengen zumindest zum Teil zu verarbeiten. In dieser ersten Phase der Expansion gab es somit nach wie vor Nischen für kleine Käsereien und kleinere Genossenschaften, die vermutlich vor allem aufgrund eines stabilen lokalen Markts überlebten. Man muss im Hinterkopf behalten, dass 1957 die Europäische Wirtschaftsgemeinschaft (EWG) gegründet worden war, die mit ihrer Politik der unbegrenzten Preisstützung dafür sorgte, dass auch kleine Tierhalter und Käsereien ohne besondere Investitionsanstrengungen überleben konnten. Das heißt, die 1960er- und 1970er-Jahre waren das Goldene Zeitalter des italienischen Molkereisektors, und unter derartigen Bedingungen wäre niemand auf die Idee gekommen, besonders exquisite Käsesorten zu produzieren, denen Konsumentinnen und Konsumenten am Ende die Akzeptanz verweigert hätten. Die Zeit von *Formaggio di Fossa* oder *Casciotta d'Urbino* war noch nicht gekommen. Noch genügten Mio-Schmelzkäse, Bel Paese oder Invernizzina (ein Stracchino von Invernizzi) sowie die uralten Grana Padano und Parmigiano Reggiano oder die bereits berühmten Gorgonzola und Taleggio, um einen großen Teil der zumindest in Nord- und Mittelitalien produzierten Milch zu verarbeiten. Aus der Milch, die nicht zu Käse verarbeitet wurde, machte man Pulver; die Produzenten bekamen von den jeweiligen Untergliederungen der EWG dafür den vollen Preis.

In diesen zwanzig fetten Jahren (im Italienischen hier sehr passend *anni di vacche grasse*, Jahre der fetten Kühe) tauchten natürlich noch weitere Marken auf dem italienischen Markt auf, unter anderem Cademartori, Osella und Auricchio; auf letztere gehe ich weiter unten noch ein. Die Situation änderte sich allerdings sehr rasch wieder. Nicht nur riss die europäische Landwirtschaftspolitik nicht mehr zu verantwortende Löcher in die Bilanzen, die unbegrenzten Subventionen führten gerade bei Milch und Molkereiprodukten zu einer immensen Überproduktion. Deswegen wurde 1984 die berüchtigte »Milchquote« eingeführt, die in diesem Sektor ein wahres Erdbeben auslöste. Auch wenn hier nicht der richtige Ort ist, um über Festlegung und Umsetzung dieser Quoten zu diskutieren, lässt sich zumindest sagen, dass die gesamte italienische Milchwirtschaft und auch die öffentlichen Institutionen auf diesen radikalen Kurswechsel nicht vorbereitet waren. Er bedeutete einen enormen (jedoch vorhersehbaren und beabsichtigten) Rückschlag nicht nur für die Milchproduzenten, sondern ebenso für die milchverarbeitende Industrie.

Die Übernahme italienischer Marken durch multinationale Molkereikonzerne hatte zwar bereits in den 1960er- und 1970er-Jahren begonnen, ab der Mitte der 1980er-Jahre jedoch kann man von einer regelrechten Kolonisierung sprechen. Heute befinden sich praktisch sämtliche eingeführten italienischen Marken in ausländischer Hand. Dieses Schicksal teilt der Molkereisektor mit vielen anderen Sektoren der italienischen Industrie, die damit den Preis für vierzig Jahre nicht vorhandener nationaler Wirtschaftspolitik bezahlt. Nennenswerten Widerstand leisten noch einige Molkereien von durchaus relevanter Größe, die sich auf die Herstellung von DOP- und IGP-Käsen spezialisiert haben, wobei Molkereigenossenschaften eine zentrale Rolle spielen. Abgesehen von Parmigiano Reggiano, den ich bereits behandelt habe, geht es hier um Grana Padano, der heute in ganz Norditalien produziert wird, sowie einige weitere Käsesorten wie Asiago oder Gorgonzola, die sich inzwischen auf dem nationalen und internationalen Markt etabliert haben. Doch auch hier ist es trotz der Bemühungen diverser Konsortien zu einer strukturellen Überproduktion gekommen.

Das ist der springende Punkt: Als die Europäische Union die Rationalisierung in einem Sektor beschloss, der über jede wirtschaftliche und Marktlogik hinausgewachsen war, reagierte Italien darauf einerseits mit einem Widerstand, der zum Teil in die Illegalität mündete, andererseits mit der Glorifizierung besonders hochwertiger Produkte, deren Verbreitung den gesamten Sektor stützen sollte. Von da an nahmen die Käse mit DOP-, IGP-, PAT-, De.Co.- und anderen Siegeln explosionsartig zu. Doch gerade die bekanntesten und erfolgreichsten Beispiele, nämlich Grana und Parmesan, zeigen ein grundlegendes Missverständnis bei dieser Strategie auf. Entweder handelt es sich um ein besonders hochwertiges Erzeugnis, das sich auch mit entsprechend hohem Preis und zugleich geringeren Mengen auf dem Markt behaupten kann, oder man stellt ein Massenprodukt her, das nun einmal weniger kosten muss, weswegen man die Tierhalter nicht entsprechend entlohnt. Beides gleichzeitig geht nicht. Die Folge: Die Vertragslager der Konsortien füllten sich über Jahre mit Parmesan- und Grana-Laiben, die man, um einen Preisverfall zu verhindern, nicht auf den Markt werfen wollte. Das Ganze ist natürlich nicht gratis zu haben und wird zum großen Teil durch das Kreditsystem getragen, also letztlich durch uns alle, die wir tagtäglich mit Banken zu tun haben.

Um es zu präzisieren: In der Po-Ebene, wo der Molkereisektor italienweit mit Abstand am wichtigsten und effizientesten ist, fließen einundvierzig Prozent der dort erzeugten Milch in die Herstellung von DOP-Käsen – eine erfreuliche Tatsache, weil den Erzeugern dafür höhere Preise gezahlt werden können. Das Problem sind die restlichen neunundfünfzig Prozent, die im Vergleich zum restlichen Europa mit deutlich höheren Kosten produziert werden und keine Abnehmer finden.

Kehren wir zur Frage der Ursprungsbezeichnungen zurück. Die Strategie weist durchaus eine gewisse Logik auf, aber nur unter einer Bedingung – wenn dabei Maß gehalten und nicht die absurde Erwartung gehegt wird, dass ein Käse, nur weil er ein Schutz- oder Qualitätssiegel trägt, über einen Markt verfügt, der sämtlichen Milchbetrieben der entsprechenden Region das Überleben sichert. Anders ausgedrückt, wenn es gelänge, mit den restlichen neunundfünfzig Prozent Milch aus der Po-Ebene einen weiteren DOP-Käse zu produzieren, wären die Probleme gelöst, vorausgesetzt, die gesamte Käsemenge kann auch zu einem angemessenen Preis verkauft werden. Also vielleicht ist auf dem Markt durchaus Platz für 537 Käsespezialitäten, aber es muss klar sein, dass es sich bei einem Großteil von ihnen um Nischenprodukte in sehr kleinen Mengen zu sehr gehobenen Preisen handelt. Die Strategie ist also nur dann sinnvoll, wenn es nicht die einzige Strategie bleibt. Die Zeichen stehen allerdings eher schlecht: Die ständige Ausbreitung kommunaler Ursprungsbezeichnungen und die beharrlichen Bemühungen der Regionen, in die nationale PAT-Liste aufgenommen zu werden, lassen nichts Gutes hoffen. Ein Gefühl für das richtige Maß ist schon lange abhanden gekommen, und das völlige Fehlen einer italienweiten institutionellen Strategie für den Molkereisektor ermöglicht eine Kirchturmpolitik in allen nur vorstellbaren Ausprägungen.

Angesichts des eben Gesagten ist es wohl kaum nötig, die märchenhaften Entstehungsgeschichten einzelner Käsesorten zu zerlegen, die allesamt in den letzten dreißig bis vierzig Jahren erfunden wurden. In einigen Fällen erregt die verzweifelte Suche nach antiken Wurzeln geradezu Mitleid. Das fängt beim *Caciocavallo Silano* an, den laut offizieller Verlautbarung bereits Hippokrates im 5. Jahrhundert vor Christus erwähnte und lobte, als – ich sag's vorsichtshalber dazu – im Gebirgsmassiv Sila in Kalabrien nur ein paar versprengte Stämme lebten. Die aber waren bestimmt allesamt Experten in der Herstellung dieser Käsespezialität. Dann ist da der *Cascìotta d'Urbino*, den schon Michelangelo sehr schätzte, weswegen er sich, wenn seine Vorräte an *Lardo di Colonnato* aufgebraucht waren, mit großem Appetit auf diesen Käse aus den Marken stürzte. Die mittelalterlichen Wurzeln des Raschera aus dem Piemont bezeugt ein Mietvertrag aus dem 14. Jahrhundert, in dem der Eigentümer eine Bezahlung unter anderem mit Käse fordert. Ein unwiderlegbarer Beweis – »der Colt raucht noch«, würde man in kriminalistischem Zusammenhang sagen. Oder der Stelvio, dessen uralter Ruhm durch die Tatsache belegt wird, dass man in Südtirol bereits im 13. Jahrhundert Käse aß.

Eine Geschichte jedoch lohnt sich ausführlicher zu erzählen: die des *Provolone Valpadana* DOP. Auf der Website der Associazione Formaggi Italiani DOP beginnt sie folgendermaßen:

> Der Provolone entsteht in der zweiten Hälfte des 19. Jahrhunderts aus der glücklichen Vermählung der süditalienischen Tradition der *pasta filata*-Käse und der Leidenschaft der Po-Ebene zur Herstellung von Molkereiprodukten. Die Einigung Italiens im Jahr 1861 ermöglicht die Überwindung der Grenzen zwischen den unterschiedlichen Gebieten der Halbinsel und die Ansiedelung süditalienischer Unternehmen in der Po-Ebene, deren Bestreben es war, die Kultur und den Konsum von pasta filata-Käse in ganz Italien zu verbreiten.

Der Provolone ist also ein süditalienischer Käse, und nach der Einigung beschließen einige Firmen aus dem Süden, ihren Käse nicht einfach auch im Norden zu verkaufen, was sinnvoll wäre, sondern ihn direkt in der Po-Ebene herzustellen. Warum hätten sie das tun sollen? Und wer sind diese Unternehmer aus Süditalien, die kurz nach der Jahrhundertmitte Produktionsstätten im Norden aufbauten, als noch nicht einmal die Einheimischen diese Möglichkeit in Betracht zogen? Möglicherweise wollte der Verfasser dieser Zeilen, dem die soziale und ökonomische Realität im Italien des 19. Jahrhunderts offenbar unbekannt ist, einer unternehmerischen Erfolgsgeschichte, die geraume Zeit nach der italienischen

Einigung begann, einfach eine romantische Aura verleihen.

Und damit komme ich wie angekündigt zu Auricchio: Die wahre Entstehung des *Provolone Valpadana* fällt nämlich mit der Gründung dieser Firma zusammen, und zwar 1877 im nur wenige Kilometer von Neapel entfernten Städtchen San Giuseppe Vesuviano, wo Gennaro Auricchio mit der Käseproduktion begann. Der wichtigste war Provolone, eine aromatische, in Kampanien sehr geschätzte Sorte. Die Firma expandierte auch dank einer beständigen Nachfrage aus dem Ausland, speziell aus Nordamerika, wo eine große italoamerikanische Community mit Wurzeln in Kampanien den Absatz beflügelte. Rund neunzig Jahre nach der Gründung eröffneten Gennaro Auricchios Erben den ersten Standort im Norden, genauer in Pieve San Giacomo in der Nähe von Cremona. In der zweiten Hälfte der 1970er-Jahre wurde diese Produktionsstätte zur wichtigsten des Unternehmens, wenngleich die Produktion in Somma Vesuviana bei Neapel ebenfalls fortgeführt wurde. Zu diesem Zeitpunkt allerdings wurde es nötig, auch für den bei Cremona hergestellten Provolone, der einem Großteil der Rinderhalter in der Gegend die Existenz sicherte, eine Ursprungsbezeichnung zu organisieren. Insofern lag es nicht nur im Interesse von Auricchio, sondern auch der Milchproduzenten und örtlichen Institutionen, den Käse zu promoten, weswegen man um das Jahr 1990 ein DOP-Siegel beantragte, das im Jahr 1993 mit der offiziellen Bezeichnung *Provolone Valpadana* genehmigt wurde.

Zweifellos eine Erfolgsgeschichte, die allerdings mit regionaltypischer Authentizität, wie man sie sich landläufig vorstellt, wenig zu tun hat – wahrhaft authentisch waren höchstens die historischen Verrenkungen, die nötig waren, um dergleichen zu behaupten. Doch genau diese Widersinnigkeit sollte den Verfechtern einer Tradition um jeden Preis eine Lehre sein: Traditionen entstehen nicht per Dekret, sondern durch Nachfrage, wie es der unlogische, aber beliebte *Provolone Valpadana* beweist. Und somit ist die von der Lega Nord propagierte Region *Padania* eigentlich von einem Neapolitaner erfunden worden.

XVI.

Ein Hoch auf Nutella

Damit bin ich am Ende meines Überblicks angelangt. Es gäbe selbstverständlich noch viele andere Geschichten zu regionaltypischen Spezialitäten zu erzählen, die entweder vor nicht allzu langer Zeit erfunden wurden oder sich im Lauf der Zeit stark verändert haben. Die Mechanismen dabei sind immer die gleichen, das sollte insgesamt deutlich geworden sein, und weitere Beispiele hinzuzufügen, überlasse ich daher anderen. Doch nachdem ich gezeigt habe, dass viele, wenn nicht alle italienischen (und möglicherweise auch andere) regionaltypischen Spezialitäten das Ergebnis ziemlich verwegener Unternehmen der letzten etwa vierzig Jahre sind, muss ich nun noch etwas zu dem so heiligen Begriff des Regionaltypischen sagen. Den Eindruck, mein Buch bestreite dessen Existenz komplett, möchte ich nämlich keinesfalls erwecken.

Dieses Typische gibt es sehr wohl, und so werde ich nun noch über die wahren typisch italienischen Lebensmittel sprechen, indem ich zuerst den Begriff definiere, und zwar ohne den ganzen ideologischen Ballast, den er unweigerlich mit sich herumschleppt. Regionaltypische Spezialitäten, das darf man nicht vergessen, haben in den letzten Jahren keine unwesentliche Rolle in den agrarpolitischen Debatten insbesondere innerhalb der Europäischen Union gespielt, speziell in einem Land wie Italien mit seiner historischen Schwäche im Rohstoffsektor. Diese Debatte war von Anfang an durch eine stark ideologische Komponente geprägt. Darin wurden diese Spezialitäten zum Aushängeschild eines »guten« und »gesunden« Agrar- und Lebensmittelsektors, im Gegensatz zur »schlechten« und »krankmachenden« Industrie und den multinationalen Konzernen, denen man die Standardisierung von Produktion und Geschmack vorwirft. In der Regel ist die Vorstellung von regionaltypischen Spezialitäten so gut wie immer mit positiven Bildern von »Gebiet«, »Identität«, »lokaler Entwicklung«, »Ökologie« und so weiter aufgeladen. Noch knapper lässt sich das Konzept über zwei Dimensionen definieren: Tradition und Gebiet.

Zugleich gehört zu den konstitutiven Elementen solcher Spezialitäten das Potenzial, ferne Orte und Zeiten zu evozieren, oder anders ausgedrückt, sie benötigen einen mythologischen Charakter. Das war in der ersten Hälfte des 19. Jahrhunderts in London nicht anders, als es heute weltweit in den Supermärkten des postindustriellen Zeitalters ist. Das trifft auf den Madeira zu, dessen Genuss die Engländer von

Abenteuerfahrten übers Meer träumen ließ, und auf den *Lardo di Colonnata*, bei dessen Kauf wir an das harte Leben der Arbeiter in den Marmorsteinbrüchen denken. Womit sich ein weiteres Steinchen ins Mosaik des Regionaltypischen fügt: der Mythos, der als solcher erst einmal geschaffen werden muss. Ohne die Bedeutung der den Produkten inhärenten Qualität schmälern zu wollen, ist ihr Erfolg in einen sehr viel komplexeren Prozess eingebettet. Was uns auf direktem Weg zur Geschichte des Marketings führt und umgekehrt auch zum Geschichtsmarketing.

Ich möchte bestimmt nicht behaupten, wir in Italien seien die Einzigen, die zu solchen Tricks greifen. Um sich von diesem bösen Gedanken zu lösen, braucht man sich nur die Schweizer Schokolade vorzuknöpfen. In dem Fall transportiert das Produkt das Bild eines ganzen Landes, das in Wahrheit mit Schokolade nicht viel zu tun hat. Die klassische Ikonografie, bestehend aus Kühen, die vor dem Hintergrund verschneiter Alpengipfel auf riesigen Weiden rund um malerische Almhütten grasen, um mit ihrer guten Milch die Schokolade zu verfeinern, hat sich schon längst vom realen Produktionsprozess weit entfernt. Bereits zu Beginn des 20. Jahrhunderts und damit früher als andere haben sich die großen Marken der Schweizer Süßwarenindustrie (Nestlé, Suchard, Tobler, Lindt etc.) internationalisiert und begonnen, ihre Produktion aus dem Gebiet der Eidgenossenschaft abzuziehen. Doch je weniger Schokolade auf Schweizer Boden hergestellt wird, desto stärker beziehen sich die Marketingstrategien paradoxerweise auf eine Verbindung von Produkt und Land. So scheint mir neben den vielen italienischen Produkten der Fall der Schweizer Schokolade zu beweisen, dass wir die Vorstellungen von typischen Spezialitäten und dem Typischen generell dringend hinterfragen müssen.

Ganz allgemein lässt sich durchaus behaupten, dass kurze Wege, handwerkliche Produktion, Wurzeln in der vorindustriellen Zeit und eine ungenau definierte »Natürlichkeit« wenig zum Typischen beitragen, beziehungsweise sind diese Aspekte zwar für das Narrativ wichtig, nicht aber für die Spezialität an sich. Insofern wird das Typische von Agrar- oder Lebensmittelprodukten (und anderen Waren) über die Identifikation mit einem Gebiet konstruiert, dessen Grenzen immer das Ergebnis einer künstlichen Setzung darstellen, die ausschließlich ökonomischen Gesetzen gehorcht. Das andere Element ist dann die Tradition, aber hier liegen die Dinge noch komplizierter, da eine Tradition, wie wir gesehen haben, erfunden werden kann oder vielmehr immer das Resultat einer mehr oder weniger neuen Erfindung ist.

Kommen wir also zur Sache: Zieht man das Gebiet (mit seinen willkürlichen Grenzen) und die (erfundene) Tradition ab, was bleibt dann zur Definition einer regionaltypischen Spezialität noch übrig? Man möge mir nachsehen, dass ich hier mit der Machete dreinschlage, aber ich bin es leid, um den heißen Brei herumzureden. Gebiet und Tradition sind Elemente, die die Produktion bestimmen, der ökonomische Begriff dafür ist Angebot. Das regionaltypische Lebensmittel sollte allerdings von denjenigen angenommen werden, die es konsumieren, also durch die Nachfrage. Wer es herstellt, wie es hergestellt wird, mit welchen Zutaten, welchen Methoden und so weiter, ist für die Definition einer Spezialität irrelevant. Was zählt, sind die Konsumentinnen und Konsumenten, die dem Produkt seit so und so langer Zeit die Treue halten. Sind beispielsweise die berühmten Spaghetti bolognese, die in allen italienischen Restaurants dieser Welt gegessen werden, außer in Italien, eine typisch italienische Spezialität? Ein Deutscher oder eine Engländerin, die Sie das fragen, wird Sie ansehen, als seien Sie nicht ganz dicht: Was könnte typischer italienisch sein als ein Teller Spaghetti mit dem klassischen Ragù? Leider gibt es das Gericht in Italien nicht. Weil es niemals jemand bestellt hat außer amerikanischen Touristen, die dafür unweigerlich Häme ernten. Es ist also die Nachfrage, die ein Gericht zur Spezialität macht, und nur weil Tausende italienische Restaurants in Italien ein Gericht anbieten, wird es noch lange nicht zur Spezialität der Italiener.

Tatsächlich müsste man auch ein Element hinzufügen, das die Produktion betrifft, genauer die Beständigkeit des Produkts im Lauf der Zeit beziehungsweise Veränderungen des Herstellungsprozesses und seiner äußerlichen und geschmacklichen Eigenschaften. Je weniger sich ein Produkt mit der Zeit verändert, desto eher können wir es als typisch bezeichnen. Wie ich in den vorausgehenden Kapiteln gezeigt habe, waren viele Spezialitäten gerade in den letzten Jahrzehnten tiefgreifenden Veränderungen unterworfen.

Wenn sich Spezialitäten also durch die Treue der Konsumentinnen und Konsumenten und die Kontinuität in den Herstellungsverfahren definieren, gibt es nur eine Schlussfolgerung: Die echten italienischen Spezialitäten sind die, die wir normalerweise als Industrieprodukte bezeichnen. Nutella, die Softdrinks Cedrata Tassoni und Chinotto San Pellegrino, Amarenakirschen von Fabbri, Fernet Branca, Martini, Eis wie Coppa del Nonno oder das Cornetto von Algida, der alkoholfreie Aperitiv Crodino, die Baci von Perugina, der in Plastik eingeschweißte Buondì-Kuchen von Motta, der Cynar und viele andere italienische Produkte haben nicht weniger Geschichte, territoriale Verwurzelung und Tradition in der Herstellung aufzuweisen als Pachino-Tomaten, San Daniele-Schinken oder Dolcetto d'Alba. Eigentlich sogar mehr. Selbst der Inbegriff italienischer Spezialitäten, die Pasta, ist vor allem in ihrer industriellen Form typisch. De Cecco, eine der namhaftesten Firmen auf dem Gebiet, hat ein für alle Mal erklärt, dass die Qualität ihrer Produkte nicht von der italienischen Herkunft der Rohstoffe abhängt, sondern von deren sorgfältiger Auswahl und vor allem vom standardisierten und minutiös überwachten Produktionsprozess. Würde Pasta ausschließlich handwerklich und mit Zutaten aus der Region hergestellt, wüssten 99,9 Prozent der Italiener gar nicht, was das ist.

Damit stellt man allerdings ein bewährtes historisches oder sogar kulturelles Paradigma, das heute niemand mehr zu hinterfragen wagt, auf den Kopf. Dieses alte Paradigma lautet ungefähr so: Ein industriell hergestelltes Lebensmittel ist per definitionem weniger in einem Gebiet verwurzelt, weniger unverfälscht und daher weniger gut als sämtliche nicht industriell hergestellten Lebensmittel. Ich behaupte nun, das Gegenteil ist der Fall. Ob ein Industrieprodukt gut ist, ist schwer festzustellen, da dies ja von der Meinung und dem Geschmack einer Einzelperson abhängt, doch in Sachen territorialer Verwurzelung und Unverfälschtheit gibt es eigentlich keinen Zweifel. Unter anderem sind eine familiäre Kontinuität in der Unternehmensführung und die dadurch gesicherte Weitergabe von Wertvorstellungen der Firma sowie die Sorge um die Produktqualität bei einer industriellen Herstellung eher garantiert als bei einer verstreuten handwerklichen Produktion.

Ein Beispiel gefällig? Schlucken wir gleich mal die größte Kröte, dann haben wir es hinter uns: Ich spreche von Nutella. Unter diesem Namen kam der Brotaufstrich von Ferrero zwar erst 1964 auf den Markt, doch eine Nussnougatcreme produzierte die

Firma aus Alba bereits seit Beginn der 1950er-Jahre. Unnötig, die Geschichte der mit piemontesischen Haselnüssen hergestellten Nussschokolade im Detail zu erzählen; sie entstand zu Beginn des 19. Jahrhunderts und war anfangs vor allem im Piemont, in der ersten Hälfte des 20. Jahrhunderts dann in ganz Italien sehr beliebt. Auf den Luxus von *Gianduiotti*, Turiner Nougatpralinen, wollten Italiener, wenn sie es sich irgendwie leisten konnten, auf keinen Fall verzichten. Ferrero kam daher auf die Idee, das Ganze in eine Creme zu verwandeln und in Gläser abzufüllen. Erstaunlicherweise hatte Nutella sofort über die Landesgrenzen hinaus einen Erfolg, der seit über fünfzig Jahren ungebrochen anhält. Dieses Produkt, das man heute rund um die Welt kaufen kann, wird wahrscheinlich häufiger kopiert als die legendäre Rätselzeitschrift *Settimana Enigmistica*. Doch gerade die vielen Kopien sichern oder vergrößern noch den Ruhm des Originals. Auch wenn die Produktionsstätten inzwischen über alle Kontinente verteilt sind, gibt es vermutlich niemanden unter den vielen Millionen Fans weltweit, der nicht wüsste, dass Ferrero und damit Nutella aus Italien kommt.

Dieser Brotaufstrich ist ebenso ein Symbol für Italien wie die Vespa von Piaggio. Als die Motorroller auf den Markt kamen, wurden sie zum Inbegriff der Modernität und des Reichtums eines Italiens, das den Hunger und die Freiheitsbeschränkungen der vorausgehenden Jahrzehnte unbedingt hinter sich lassen wollte. Solche Bilder und Symbole verknüpfen sich irgendwie mit Vorstellungen von Genuss und Lebenskunst. Nutella vermittelte unterschwellig die Botschaft von einem modernen Industrieland, das zugleich nach wie vor ideenreiche und handwerklich perfekte Dinge erdachte und realisierte – in einer Bandbreite vom Mofa über Schokolade bis hin zu erlesenen Stoffen und Möbeln.

Die wahre typisch italienische Spezialität, das beweist Nutella, ist Innovation. Und die ist genau genommen das exakte Gegenteil von etwas angeblich Typischem, das in Stein gemeißelte Herstellungsvorschriften diverser Schutzkonsortien definieren, die keine Abweichung und keine Neuerung dulden, weil sonst das heiß ersehnte Siegel wieder verloren gehen könnte.

Man kann beinahe sagen, sämtliche Spezialitäten mit irgendwelchen Schutz- und Qualitätssiegeln und präzisen Herstellungsvorschriften sind so etwas wie der Carlo Goldoni der Agrar- und Lebensmittelwirtschaft. Bei der Commedia dell'arte waren die Schauspieler in der Lage, auf der Basis grober Handlungsvorgaben frei zu improvisieren. Genauso war es bei den italienischen Spezialitäten (Salami, Käse, Wein ...) vor dem Aufkommen der diversen Ursprungsbezeichnungen. Natürlich war die eine Schauspielerin besser als die andere, das eine Stück gelungen, das andere so fad, dass das Publikum enttäuscht nach Hause ging. Das Gleiche galt für die Lebensmittel. Aller rund um Parma hergestellte Käse glich sich mehr oder weniger, da alle Käser bei den Eltern oder einer benachbarten Käserei in die Lehre gegangen waren und man Ratschläge und Ideen austauschte. Doch die Käsereien mussten zugleich täglich mit Unterschieden in den Zutaten zurechtkommen und entsprechend Zeiten und Methoden anpassen, weswegen der Käse mal besser, mal schlechter geriet, und hin und wieder konnte man ihn leider nur noch wegschmeißen. Irgendwann eroberte Carlo Goldoni die Welt der Commedia dell'arte und schrieb Stücke, in denen bis aufs Komma und die Sprechpausen alles vorgegeben war: jedes Wort, wann wer aus den Kulissen kam und die Bühne wieder verließ. Klar, das Publikum wurde seitdem selten komplett enttäuscht, aber ebenso klar ist, dass Spontaneität und Kreativität der Schauspieler verloren gingen.

Anders ausgedrückt, haben wir es mit der bizarren Vorstellung einer typischen Spezialität ohne Einfallsreichtum und Innovation, aber auch ohne eine kreative Zunahme an Wissen zu tun. Als setzten ganz viele Schutzkonsortien alles daran, das McDonald's-Prinzip auf die Herstellung von Käse, Wein und Wurst zu übertragen. Es ist das paradoxe System einer Handwerklichkeit, die durch Standardisierung die eigene Individualität festzurren will und die zur Industrie wird, um zu beweisen, dass sie anders ist als die Industrie. Die *damnatio memoriae*, die Tilgung jeder Erinnerung an so etwas wie eine Lebensmittelindustrie soll offenbar dieses Paradox rechtfertigen. Selbst florierende Industriezweige, die ein Standbein des italienischen Exports sind, die als Inbegriffe des Made in Italy das gute Image der italienischen Küche in die Welt tragen, müssen ganz dringend aus dem Bewusstsein verbannt werden.

Nach Nutella seien weitere Beispiele genannt, man hat hier die Qual der Wahl: Im Feinschmeckerparadies Bologna wären da die Amarenakirschen von Fabbri. Das Beispiel Fabbri hat mehrere interessante Facetten, angefangen bei der Tatsache, dass es sich um ein außergewöhnliches Familienunternehmen handelt, das bereits von der fünften Generation geführt wird, darüber hinaus die Kreativität, ein Fertigprodukt für die handwerkliche Eisherstellung zu erfinden, die wiederum wie kaum etwas anderes für das typisch Italienische steht. Ohne die Fabbri-Produkte wäre eine so starke Assoziation von Eis mit Italien außerhalb der Landesgrenzen schwer vorstellbar. Doch bleiben wir beim ersten Produkt, den in Sirup konservierten Sauerkirschen: Bereits vor dem Zweiten Weltkrieg, in den 1930er-Jahren, sehr erfolgreich, werden sie in den 1950er-Jahren zum Massenprodukt. Dafür sind selbstverständlich verschiedene Faktoren verantwortlich, in erster Linie die Qualität und Sicherheit des Produkts – wenn man die Amarenakirschen von Fabbri kaufte, wusste man genau, was man bekam. Auch die Verpackung, ein Keramikgefäß mit dem typischen blauen Faenza-Dekor und damit fast schon ein eigenes Produkt, spielte als Wiedererkennungseffekt eine wichtige Rolle. Und schließlich die Werbung: Die Kirschkonserven wurden durch die Werbesendung »Carosello« und die Werbefigur *Salomone pirata pacioccone*, einen rundlichen Zeichentrickpiraten, zum landesweiten Verkaufsschlager. Inzwischen ist »Amarenafabbri« für die Italiener zu einem einzigen Wort verschmolzen, auch hier allen Imitationen zum Trotz. Außerhalb Italiens entwickelten sich Fabbri-Produkte zum Symbol für eine Lebensmittelqualität, die sich auch auf andere Marken und Spezialitäten übertrug.

Ein anderes Beispiel für solche zu einem Wort geronnenen Markenprodukte ist »Cedratatassoni«. Bei diesem Softdrink ist die Verbindung zum Entstehungsgebiet stärker als bei vielen im Buch behandelten angeblich regionalen Spezialitäten. Tassoni ist eine in Salò am Gardasee beheimatete Firma, die ursprünglich wie viele andere Firmen Pharmazeutika herstellte und die Produktion ab Mitte des 19. Jahrhunderts auf stärkende, erfrischende und verdauungsfördernde Getränke ausdehnte. Das unternehmerische Genie erwies sich in den 1920er-Jahren darin, aus einem regionalen Agrarprodukt, nämlich Zedratzitronen, einen durstlöschenden Sirup herzustellen: die Cedrata Tassoni. Die Verbindung zu den Zitrusfrüchten vom Gardasee ging natürlich mit den steigenden Produktionsmengen verloren, in der kollektiven Vorstellung und in der Werbung dagegen blieb sie bestehen und wurde in den Jahrzehnten nach dem Krieg sogar noch intensiviert. 1956 kam dann Tassoni Soda auf den Markt, der bereits fertig gemischte kohlensäurehaltige Softdrink, der sofort Erfolg hatte. Ähnlich wie bei Nutella wollte man auch in diesem Fall die Modernität und vielleicht auch das Mondäne des Produkts hervorheben, indem man die extrem populäre Sängerin Mina als zentrale Werbebotschafterin auswählte. Die ersten Spots zeigen, dass man zugleich die natürliche, landwirtschaftlich geprägte Umgebung betonte, in der das Getränk entstand: Mina stand singend an dem mit Zitrusbäumen bestandenen Ufer des Gardasees.

Der Fall der Cedrata Tassoni scheint mir auch deshalb besonders interessant, weil er genau dem Konzept von Spezialität entspricht, das ich eben umrissen habe. Dieser Softdrink hat nicht nur eine enge Verbindung zu einem Gebiet und ist seit über sechzig Jahren unverändert geblieben, auch der Absatzmarkt beschränkt sich weitgehend auf Italien. Cedrata Tassoni Soda wurde nur landesweit verkauft, bis es sich seit 2013 auf dem nordamerikanischen Markt auszubreiten begann. Eine solche Gleichsetzung mit typisch italienischem Geschmack können in dieser Kontinuität und Intensität nur wenige andere Produkte aufweisen. Nicht zufällig sind im Zusammenhang mit dieser ersten Internationalisierung diverse Konkurrenzprodukte in Erscheinung getreten, die ganz offensichtlich dem Original der Firma aus Salò den Rang nicht streitig machen können, sondern eher für den Export bestimmt sind. Es wird deutlich, dass die Zugkraft einer nationalen Traditionsmarke in der Lage ist, aus dieser Limonade ein internationales Produkt zu machen, dessen Mehrwert gerade in seiner starken italienischen Identität besteht.

Ein Jahr vor der Markteinführung von Tassoni Soda lancierte Motta ein Produkt, das eine geradezu sprichwörtliche Popularität erreichen sollte: die Coppa del Nonno, der Großvater-Eisbecher. Auch dieses Kaffeeeis im Plastiktässchen fand auf dem italienischen Markt sofort großen Anklang und ergänzte eine Reihe von Fertigeissorten, die die Firma in jenen Jahren kreiert hatte, darunter das berühmte Mottarello. Letzteres war weltweit vielleicht nicht das allererste Eis am Stiel, hätte aber zumindest einen Platz auf dem Podium bekommen. Mottarella und Coppa del Nonno standen beide für einen bestimmten Produkttypus: In den Jahren des Wirtschaftsbooms war für die Italiener jedes Eis am Stiel ein »Mottarello«, egal welcher Marke oder Geschmacksrichtung, während die Coppa del Nonno so speziell und ungewöhnlich verpackt war, dass man sie praktisch nicht imitieren konnte. Der Mythos vom italienischen Eis entstand vor allem dank dieser Produkte (neben denen man auch andere von Sanson oder Sammontana nennen könnte), aber vor allem dank des 1959 erfundenen Cornetto, das erst nach der

1974 erfolgten Übernahme von Algida durch den multinationalen holländischen Konzern Unilever im Jahr 1976 unter der Marke Algida auf den internationalen Markt kam.

Die auffallende Ausbreitung der Eisdielen mit ihrem hausgemachten Eis seit den 1980er-Jahren gründet vor allem auf dem Erfolg von abgepacktem Eis von Mitte der 1950er- bis Ende der 1970er-Jahre. Fünfundzwanzig Jahre, in denen sich das italienische Eis einen internationalen Ruf erwarb, den es zuvor nicht hatte und zu dem wie geschildert auch die Firma Fabbri beitrug, die mit ihrer Produktpalette die handwerkliche Herstellung von Eis zu einer sicheren und einfachen Sache machte. Letztlich ist die Wahrnehmung von Eis als typisch italienisch vor allem der Lebensmittelindustrie zu verdanken, und diesen Ruf machten sich erst später versierte handwerkliche Produzenten zunutze, die übrigens nach wie vor in nicht unerheblichem Ausmaß auf Vorprodukte von Fabbri und anderen Herstellern zurückgreifen.

Die Verbindung von Industrie und Handwerk ist eben, so zeigt sich, deutlich enger und komplexer, als man gemeinhin annimmt. Schon am Beispiel Aceto balsamico wurde das deutlich, aber es gibt noch weit mehr Beispiele, von denen der Wermut eines der interessantesten ist. Auch hier braucht man die Geschichten der einzelnen internationalen Marken wie Martini & Rossi, Carpano oder Gancia nicht genauer zu beleuchten, es reicht, zur Kenntnis zu nehmen, wie in den letzten zehn oder fünfzehn Jahren kleine Betriebe neu entstanden oder wiederbelebt wurden, die diesen aromatisierten Wein produzieren. Diese erarbeiten sich stabile lokale Absatzmärkte, aber auch Nischenmärkte von Interessierten weltweit, und zwar gerade wegen des nachhaltig guten Rufs der großen italienischen Hersteller, die sozusagen stilprägend waren und dafür sorgten, dass dieser Aperitif nur italienisch sein konnte. Auch hier fungiert wieder die Industrie als Zugpferd für einen neuen handwerklich arbeitenden Sektor und festigt die Vorstellung von einem Land, dessen Identität entscheidend durch den kulinarischen Genuss geprägt wird.

Ein vergleichbarer Mechanismus ließ sich vor einiger Zeit auch in Perugia beobachten, eine Stadt, die heute als eine der italienischen Schokoladenmetropolen gilt, obwohl sie bis zur Gründung der Firma Perugina in dieser Hinsicht keinerlei Tradition aufweisen konnte. Interessanterweise assoziiert man die umbrische Regionalhauptstadt seit der Krise des Unternehmens, das im Jahr 1988 an den Schweizer Nestlé-Konzern überging, noch enger mit Schokolade als in der Phase ihres Erfolgs. Auch Perugina verfügt über ein ikonisches Produkt, die allseits bekannten *Baci Perugina*. Die Legenden, die sich um diese Pralinen ranken, übertreffen mit ihren Verweisen auf Mussolini und Frank Sinatra beinahe jene um den *Lardo di Colonnata* oder um den *Prosciutto di Carpegna.* Doch abgesehen davon sind sie seit den 1930er-Jahren enorm erfolgreich. Der einzige Bezug der Stadt zur Schokolade besteht in der Fabrik der Familie Buitoni. Es handelt sich hier um ein klassisches Beispiel für einen Industriedistrikt oder Cluster, bei dem ein größeres Unternehmen die Bedingungen dafür schafft, dass in seinem Umfeld weitere Firmen desselben Sektors entstehen, nicht nur als Zulieferbetriebe (die hat es in diesem Fall nicht gegeben), sondern über die Identifikation eines Gebiets mit einem bestimmten Produkt, hier Schokolade. Heute werden in Perugia Schokoladenmessen und ein internationales Schokoladenfestival veranstaltet, das seinen Ursprung der Industrie verdankt und nicht einem Patisseriehandwerk, das es bis vor etwa zwanzig Jahren dort so nicht gab.

Der kulinarische Mythos Italiens, das lässt sich angesichts der angeführten Beispiele festhalten, verdankt der Lebensmittelindustrie eine ganze Menge. Vor allem in den Jahren des Wirtschaftswunders, als das Land international mit Modernität und Innovationsfreude punkten wollte, gelang es der Agrar- und Lebensmittelindustrie, diese beiden Aspekte mit Genuss und Lebensfreude zu verbinden. Der Vergleich mit der italienischen Mode führt in diesem Fall in die falsche Richtung, da diese sich erst einige Jahrzehnte später, von den 1980er-Jahren an, auf internationalem Niveau etablierte. Die großen Marken Valentino, Armani, Versace, Prada und andere mehr blühten genau in dem Moment auf, als die bis dahin modernsten Branchen, die die italienische Wirtschaft in den 1950er- und 1960er-Jahren getragen hatten, einbrachen.

Und wieder sind wir in dieser einschneidenden Phase gelandet, in der die großen Probleme der italienischen Industrie auch im sozialen und kulturellen Leben ihren Niederschlag fanden. Die Folge, die diese Krise für das gesamte Entwicklungsmodell des Landes hatte, habe ich bereits im Einführungskapitel geschildert, nämlich die zentrale Rolle, die man seither regionaltypischen Spezialitäten und der Schaffung oder Wiederbelebung önologischer, kulinarischer und folkloristischer Traditionen zuschreibt. Doch von der Erfindung des Typischen wurde umgekehrt auch die Lebensmittelindustrie beeinflusst, die sich diesen neuen Trend schnell einverleibte. Man denke nur an spezielle Phänomene des Marketings, wie bei den Backwaren von Mulino Bianco oder den frischen Nudeln von Rana, die nicht ohne Grund in der Mitte der 1970er-Jahre den italienischen Markt eroberten. Eine Branche, die sich zuvor durch Innovation, Lebensmittelsicherheit und Modernität auszeichnen wollte, suchte nun eine neue Form der Akzeptanz, indem sie sich einen Anstrich von Althergebrachtem und Handwerklichkeit verpasste. Auf die Erfindung der Tradition antwortete die Industrie mit einem schwer entwirrbaren Geflecht einer nach Strich und Faden erfundenen Zukunft und Vergangenheit.

Regionale Spezialitäten: Glossar der Siegel und Ursprungsbezeichnungen

In diesem Buch habe ich Bezeichnungen und Abkürzungen verwendet, die einem ständig und überall begegnen: auf Weinetiketten, bei Käse, Salami und zahllosen anderen Produkten. Da es dabei immer um regionaltypische Spezialitäten ging, die eines dieser Schutzsiegel oder Zertifikate besitzen, möchte ich im Folgenden kurz erklären, wie es dazu kam, wie sie definiert sind und was sie in Bezug auf die Kontrolle der Herstellungsverfahren, die Herkunftsregion und letztlich für Verbraucherinnen und Verbraucher aussagen. Sie sind in einer »hierarchischen« Reihenfolge aufgeführt: Absteigend von denen mit den strengsten und detailliertesten Regeln zu den offeneren Bezeichnungen, die mit weniger Vorschriften für die Produzenten verbunden sind. Der jeweilige Level hängt auch mit der Bedeutung der Institution zusammen, die diese Siegel vergibt: Das geht von der Anerkennung durch die Europäische Union bis zu einzelnen Gemeinden oder Privatorganisationen.

Schutzsiegel der Europäischen Union

DOP (Denominazione di origine protetta, deutsch g. U., geschützte Ursprungsbezeichnung)

Dieses Siegel beinhaltet die detailliertesten Vorschriften für Produzenten und den größtmöglichen Schutz für Verbraucherinnen und Verbraucher. Im Jahr 1992 mit der Verordnung EG Nr. 2081/92 eingeführt und 2006 mit EG Nr. 510/2006 grundlegend überarbeitet, handelt es sich um eine rechtlich bindende Bezeichnung, die von der EU an Lebensmittelerzeugnisse vergeben wird, die spezielle, an ihre Produktionsgebiete gebundene Eigenschaften aufweisen. Mit Gebiet (ital. *territorio*) sind in diesem Zusammenhang sämtliche natürlichen Faktoren (das Klima und spezielle Umweltbedingungen) als auch menschliche Faktoren (überlieferte Herstellungsverfahren, handwerkliche Erzeugung, Know-how) gemeint. Um das Siegel zu bekommen, müssen sich die produzierenden Unternehmen an strenge Regeln halten, die in entsprechenden Bestimmungen festgelegt wurden. Dass sie das tun, wird durch festgelegte Kontrollmechanismen und -instanzen sichergestellt.

Der Weg zur Registrierung dieses Siegels führt ausschließlich über einen Antrag, den eine Vereinigung der Produzenten dieser regionalen Spezialität stellen muss. Nach der Zuerkennung des Schutzsiegels muss der EU-Mitgliedsstaat, in dessen Gebiet das entsprechende Lebensmittel produziert wird, die Kontrollinstanz festlegen, die über die kontinuierliche Einhaltung sämtlicher Herstellungsregeln und EU-Vorschriften wacht.

IGP (Indicazione geografica protetta, deutsch g. g. A., geschützte geografische Angabe)

Auch dieses Siegel wurde mit der Verordnung EG Nr. 2081/92 geschaffen und 2006 mit EG Nr. 510/2006 modifiziert. Die EU vergibt es an Agrar- und Lebensmittelerzeugnisse, bei denen zumindest eine bestimmte Phase des Herstellungsprozesses in einem speziellen Gebiet stattfindet. Insofern handelt es sich in der Spezialitätenhierarchie im Vergleich zu DOP um eine etwas niedrigere Stufe. Doch auch für die Bezeichnung IGP müssen sich die Erzeuger an genau regulierte Verfahren halten, und auch hier legt der zuständige EU-Mitgliedsstaat eine Kontrollinstanz fest.

STG (Specialità tradizionale garantita, deutsch g. t. S., garantiert traditionelle Spezialität)

Die in der Verordnung EG Nr. 509/2006 festgelegte Zertifizierung wird auf Agrar- und Lebensmittelprodukte angewandt, deren Herstellungsmethode und Zusammensetzung an eine bestimmte Gegend gebunden sind, die aber nicht notwendigerweise in dieser Gegend produziert werden müssen. Auch für sie gibt es präzise Produktionsvorschriften. Das SGT-

Siegel tragen in Italien nur zwei Produkte: *Pizza napoletana* und *Mozzarella*.

Bezeichnungen für Weine

Die Verordnung EG Nr. 1234/2007 und ihre mit EG Nr. 491/2009 vorgenommenen Änderungen sehen eine Vergabe von DOP- und IGP-Siegeln auch an Weine vor, wenn sie »den Namen einer Gegend, eines bestimmten Ortes oder in Ausnahmefällen eines Landes [tragen], der zur Bezeichnung eines Agrarerzeugnisses oder eines Lebensmittels dient [...], das seine Güte oder Eigenschaften überwiegend oder ausschließlich den geografischen Verhältnissen einschließlich der natürlichen und menschlichen Einflüsse verdankt«. Die geltenden EU-Regeln haben die italienischen Vorschriften ersetzt, sodass heute DOC (Denominazione di origine controllata), DOCG (Denominazione di origine controllata e garantita) und IGT (Denominazione geografica tipica) zwar noch genutzt werden dürfen, allerdings nur als »traditionelle besondere Kennzeichnungen«, so ein entsprechender Erlass der italienischen Regierung aus dem Jahr 2010 (D. Lgs. n. 61/2010). Grob gesagt entspricht das EU-Siegel IGP dem alten italienischen IGT und das EU-Siegel DOP den alten italienischen Bezeichnungen DOC und DOCG.

Siegel des italienischen Staats

Im Prinzip verfügen italienische Behörden nicht über alleinige Kompetenzen zur Verleihung von Schutzsiegeln, allerdings kann das Ministerium für Landwirtschaft, Ernährung und Forsten die Anträge, die an die Europäische Kommission gehen, prüfen und beeinflussen. Darüber hinaus hat es die Aufgabe, das Verzeichnis der von den einzelnen Regionen anerkannten regionalen Spezialitäten kontinuierlich zu aktualisieren. Wie oben erläutert, wurden für die Weine die italienischen Siegel DOC, DOCG und IGT, deren Zuerkennung bis 2009 die Aufgabe des Landwirtschaftsministeriums war (und die noch verwendet werden dürfen), durch die europäischen Siegel DOP und IGP ersetzt.

Von den italienischen Regionen verliehene Siegel

PAT (Prodotto agroalimentare tradizionale, traditionelles Agrar- und Lebensmittelerzeugnis)

Die Bezeichnung tragen Agrar- und Lebensmittelerzeugnisse, die – auf Veranlassung der italienischen Regionalverwaltungen – in ein vom Ministerium für Landwirtschaft, Ernährung und Forsten geführtes Verzeichnis aufgenommen werden. Für die Zertifizierung müssen diese Produkte »mit lange etablierten und im gesamten Gebiet gleichen Verarbeitungs-, Konservierungs- oder Reifungsmethoden hergestellt werden, nach Regeln, die eine mindestens fünfundzwanzigjährige Tradition aufweisen«. Die erforderlichen Normen und das Verzeichnis der Produkte wurden mit dem Ministerialerlass D.M. n. 350 vom 8.9.1999 eingeführt. Das erste nach Regionen gegliederte Verzeichnis erschien im Jahr 2000. Das PAT-Siegel wird nicht kontrolliert, es gibt auch keine Vorschriften für die Herstellung, weswegen die von den Regionen herausgegebenen Produktbeschreibungen keinerlei Verpflichtungen für die herstellenden Firmen mit sich bringen.

Von den Kommunen vergebene Siegel

DE.CO. (Denominazione comunale, kommunale Bezeichnung)

Die Siegel De.C.O. (Denominazione comunale d'origine, kommunale Ursprungsbezeichnung) oder De.Co. (Denominazione comunale, kommunale Bezeichnung) sind aus dem Gesetz Nr. 142 vom 8. Juni 1990 hervorgegangen, das es den Kommunen ermöglicht, Vorschriften zur Aufwertung traditioneller Agrar- und Lebensmittelproduktion zu erlassen. Darüber hinaus wurden die Bezeichnungen auch für die unterschiedlichsten religiösen oder folkloristischen Traditionen der jeweiligen Orte verliehen. Auch in diesem Fall haben möglicherweise vorhandene Beschreibungen und Regeln für die Produzenten keinen normativen Charakter.

Sonstige Siegel

Slow-Food-Förderkreise

Diese Förderkreise (ital. *presidio*) wurden 1999 gegründet, ihr Ziel war die Wiederbelebung und Bewahrung kleiner Betriebe, die kulinarisch herausragende Produkte herstellten. Die Zertifizierung ist Aufgabe eines wissenschaftlichen Komitees der Organisation. 2003 hat das Projekt der Förderkreise zur Gründung der gemeinnützigen Slow-Food-Stiftung für Biodiversität geführt. Die Kriterien der Förderkreise ähneln denen für IGP- und DOP-Siegel, allerdings sind die Produktionsvorschriften noch strenger und die sozioökonomischen Intentionen noch umfassender. Erklärtes Ziel ist es, die Produktauswahl der öffentlichen Instanzen zu ersetzen durch eine Anerkennung, die ausschließlich auf dem Vertrauen in die Seriosität der Kriterien einer internationalen Vereinigung beruht. Sehr häufig tragen Produkte sowohl das Slow-Food- als auch das PAT-Siegel, wobei die Slow-Food-Förderkreise für einheitliche Vorschriften und Kriterien stehen, die die regionalen Verwaltungen nicht sicherstellen.

Bibliografie

Auch wenn es auf den ersten Blick nicht so aussieht, ist dies ein Buch über Geschichte. Über Geschichte schreiben und Geschichte unterrichten ist ja auch das Einzige, was ich mehr oder weniger kann. Allerdings habe ich für dieses Buch nicht historische Quellen in Archiven analysiert, wie eigentlich üblich, sondern das, was viele Autorinnen und Autoren, mich eingeschlossen, bereits veröffentlicht haben, kritisch ausgewertet. Das Buch beruht also nicht auf Primär-, sondern auf Sekundärquellen. Deshalb habe ich mich entschlossen, die Bibliografie in zwei Abschnitte zu unterteilen. Der erste richtet sich an Leserinnen und Leser, die mir vertrauen, die Lektüre zum Thema aber vertiefen möchten. Der zweite Abschnitt ist für diejenigen gedacht, die mir gegenüber (zu Recht) skeptisch sind und sich ein eigenes Bild machen möchten. Natürlich können sich beide Gruppen in beiden Abschnitten bedienen, der zweite ist jedoch wissenschaftlicher und umfangreicher, und deshalb für alle, die sich erstmals mit Ernährungsgeschichte befassen, vielleicht ein bisschen sperrig und abstoßend, da ich hier weiterführendes Material zur Wirtschafts- und Sozialgeschichte, zur Agrar- und Kulturgeschichte und vieles mehr bis hin zum Thema lokale Entwicklung sowie Medizin- und Industriegeschichte aufgenommen habe. Außerdem ein bisschen Psychologie, Anthropologie und Ethnologie, das kann ja bekanntlich nie schaden.

Literatur für diejenigen, die mir vertrauen

Bressanini, D., *Pane e bugie*, Chiarelettere, Mailand 2010.

–, *Le bugie nel carrello*, Chiarelettere, Mailand 2013.

Capatti, A., *Storia della cucina italiana*, Guido Tommasi Editore, Mailand 2014.

Cancelatto F., Elena Cattaneo: »Lottare per marginalizzare la cattiva accademia«, in »italypost« online, 13. Juli 2018, https://www.italypost.it/elena-cattaneo-lottare-marginalizzare-la-cattiva-accademia/

Capatti, A., De Bernardi, A., Varni, A. (Hg.), *Storia d'Italia, Annali 13, L'alimentazione*, Einaudi, Turin 1998.

Capatti, A., Montanari, M., *La cucina italiana. Storia di una cultura*, Laterza, Bari 2006.

Dickie, J., *Delizia! The Epic History of the Italians and their Food*, Hodder & Stoughton, London 2007 (dt. *Delizia! Die Italiener und ihre Küche. Geschichte einer Leidenschaft.* Aus dem Englischen von Sebastian Vogel, S. Fischer, Frankfurt am Main 2008).

Flandrin, J. L., Montanari, M. (Hg.), *Storia dell'alimentazione*, Laterza, Rom-Bari 2003.

Hobsbawm, E. J., Ranger, T. (Hg.), *L'invenzione della tradizione*, Einaudi, Turin 1987.

Keys, A., Keys, M., *Mangiar bene e star bene*, Piccin, Padua 1962 (dt. *Der gesunde Feinschmecker.* Aus dem Amerikanischen von Dietrich Berg und Werner Lotze, Günther, Stuttgart 1964).

Mascioletti, M., *Un tiramisù? Un fiorino. Il nuovo medioevo della »tradizione« per decreto*, in »strade online«, 9. August 2017, https://www.stradeonline.it/stradedelcibo/2998-un-tiramisu-un-fiorino-il-nuovo-medioevo-della-tradizione-per-decreto#

Montanari, M., *L'identità italiana in cucina*, Laterza, Rom-Bari 2013.

–, *La fame e l'abbondanza*, Laterza, Rom-Bari 2014 (dt. *Der Hunger und der Überfluß. Kulturgeschichte der Ernährung in Europa*. Aus dem Italienischen von Matthias Rawert, C.H. Beck, München 1993).

Naselli, C., *Empanadilla*, in dies., *Studi di folklore: drammatica popolare, culto degli alberi, tarantella, empanadilla*, G. Crisafulli, Catania, 1953.

Ó Gráda, C., *Storia delle carestie*, Il Mulino, Bologna 2011.

Pasolini, P. P., *Freibeuterschriften. Aufsätze und Polemiken über die Zerstörung der Kultur des Einzelnen durch die Konsumgesellschaft*. Aus dem Italienischen von Thomas Eisenhardt, Wagenbach, Berlin 1979.

Portincasa, A., *Scrivere di gusto*, Pendragon, Bologna 2016.

Rebora, G., *La civiltà della forchetta*, Laterza, Rom-Bari 2009.

Sciascia, L., Leone, G., *La Contea di Modica*, Electa Editrice, Milano 1983.

Unwin, T., *Storia del vino*, Donzelli, Rom 1993.

Weinberg, B. A., Bealer, B. K., *Tè, caffè e cioccolata*, Donzelli, Rom 2009.

Literatur für diejenigen, die mir misstrauen

Agosti, G., *Mantegna 1961 Mantova*, Arcari, Mantova, 2006.

Alberini, M., *Cento ricette storiche*, Sansoni, Firenze 1974.

Amatori, F., Bigazzi, D., Giannetti, R., Segreto, L. (Hg.), *Storia d'Italia. Annali 15. L'industria*, Einaudi, Turin 1999.

Anca Martinez, G., *Il vino Marsala negli scambi internazionali*, F.lli Pagano, Genova 1949.

Anselmi, S. (Hg.), *Storia d'Italia. Le regioni dall'Unità a oggi: Le Marche*, Einaudi, Turin 1987.

Antelmo, G., *Marsala e il suo vino*, Ali&no Editrice, Perugia 2004.

Apicio, *La cucina di Roma*, Veronelli, Mailand 1957.

Artusi, P., *La scienza in cucina e l'arte di mangiare bene*, hg. v. P. Camporesi, Einaudi, Turin 1970 (dt. *Von der Wissenschaft des Kochens und der Kunst des Genießens*. Aus dem Italienischen von Thomas Münster, Hahn, München 1982.

–, *Autobiografia*, il Saggiatore, Mailand 1993.

Atkins, P. J., Lummel, P., Oddy, D. J. (Hg.), *Food and the City in Europe since 1800*, Ashgate, Aldershot 2007.

Bagnasco, A., *Tre Italie. La problematica territoriale dello sviluppo italiano*, il Mulino, Bologna 1977.

Barberis, C., *Lardo di Colonnata: la via bianca del gusto tra i marmi di Carrara*, Federico Motta, Mailand 2003.

Barca, F. (Hg.), *Storia del capitalismo italiano dal dopoguerra a oggi*, Donzelli, Rom 1997.

Bargelli, C., *Da male necessario a spina dorsale dell'economia: l'allevamento bovino nel Parmense tra Otto e Novecento*, in »Studi storici Luigi Simeoni«, LVIII, 2008, S. 223–242.

Bauman, Z., *La società dell'incertezza*, il Mulino, Bologna 1999.

Becattini, G. (Hg.), *Mercato e forze locali: il distretto industriale*, il Mulino, Bologna 1987.

Berrino, A., *Storia del turismo in Italia*, il Mulino, Bologna 2011.

Berta, G., *L'Italia delle fabbriche. La parabola dell'industrialismo nel Novecento*, il Mulino, Bologna 2001.

Berti, A., *La cucina dei Gonzaga*, Franco Angeli, Mailand 1971.

Bevilacqua, P., *Felicità d'Italia*, Laterza, Bari-Rom 2017.

Bianchi, A., *La Spezia e Lunigiana. Società e politica dal 1861 al 1945*, Franco Angeli, Mailand 1999.

Bianco, M., *L'industria italiana*, il Mulino, Bologna 2003.

Bloch, M., *Apologia della storia*, Einaudi, Turin 1950 (dt. *Apologie der Geschichtswissenschaft oder Der Beruf des Historikers*. Aus dem Französischen von Wolfram Bayer, Klett-Cotta, Stuttgart 2002).

Bloom, P., *La scienza del piacere*, il Saggiatore, Mailand 2010 (dt. *Sex, Kunst und Schokolade. Warum wir mögen, was wir mögen*. Aus dem Englischen von Silke Schmidt, Spektrum, Heidelberg 2011).

Boccaccio, G., *Decamerone*, Tumminelli, Mailand 1951.

Bonardi, B., *Secondo la Commissione europea il pomodoro San Marzano si può coltivare ovunque!*, ilfattoalimentare, 17. Februar 2016; https://ilfattoalimentare.it/pomodoro-san-marzano.html

Boni, A., *Il talismano della felicità*, Colombo, Rom 1929.

Bonifati, G., *Dal libro manoscritto al libro stampato*, Rosenberg & Sellier, Turin 2008.

Bonifazi, C., *L'Italia delle migrazioni*, il Mulino, Bologna 2013.

Borroni, R., *Le quote latte in Italia*, in »QA«, 4, 2001.

Braudel, F., *Capitalismo e civiltà materiale*, Einaudi, Turin 1977 (dt. *Die Geschichte der Zivilisation*. Aus dem Französischen von Renate Nickel und Thurid Piehler, Kindler, München 1971).

–, *La dinamica del capitalismo*, il Mulino, Bologna 1988 (dt. *Die Dynamik des Kapitalismus*. Aus dem Französischen von Peter Schöttler, Klett-Cotta, Stuttgart 1991).

–, *Civiltà e imperi del Mediterraneo nell'età di Filippo II*, Einaudi, Turin 2010 (dt. *Das Mittelmeer und die mediterrane Welt in der Epoche Philipps II*. Aus dem Französischen von Grete Osterwald und Günter Seib, Suhrkamp, Frankfurt am Main 1990).

Brera, G., Veronelli, L., *La Pacciada. Mangiarebere in Pianura Padana*, Mondadori, Mailand 1973.

Bruni, L., Porta, P. L. (Hg.), *Felicità ed economia*, Guerini e Associati, Mailand 2004.

Buonassisi, V., *La cucina di Falstaff*, Mailand Nuova, Mailand 1964.

Burgess, A., Haskell, F., *The Age of the Grand Tour*, Elek, London 1967.

Camporesi, P., *Alimentazione, folclore, società*, Pratiche, Parma 1980.

–, *Il pane selvaggio*, il Saggiatore, Mailand 2016.

Cancellato, F., *Elena Cattaneo: »Dai vaccini al cibo biologico, nel rapporto tra l'Italia e la scienza non c'è nulla di normale«*, www.linkiesta.it, 5. Juni 2017.

Cancila, O., *Storia dell'industria in Sicilia*, Laterza, Rom-Bari 1995.

Carnacina, L., Buonassisi, V., *Roma in cucina*, Martello, Mailand 1968.

Carnacina, L., Veronelli, L., *Mangiare e bere all'italiana*, Garzanti, Mailand 1962.

–, *La cucina rustica regionale*, Rizzoli, Mailand 1976.

Casati, A., Soldati, M., *Mostra delle regioni italiane*, Pizzi, Mailand 1961.

Ceccarelli, G., Grandi, A., *Il vino Marsala, un prodotto tipico »a-tipicamente« italiano*, in »Storia economica«, XIV, 2, 2011, S. 187–206.

Ceccarelli, G., Grandi, A., Magagnoli, S., *The »Taste« of Typicality*, in »Food & History«, 8–2, 2010, S. 45–76.

– (Hg.), *Typicality in History. Tradition, Innovation and Terroir*, Peter Lang, Brüssel 2013.

Ciapetti, L., *Lo sviluppo locale*, il Mulino, Bologna 2010.

Cipolla, C. M., *Storia economica dell'Europa pre-industriale*, il Mulino, Bologna 1974.

Conti, P. C., *La leggenda del buon cibo italiano*, Fazi, Rom 2008.

Crainz, G., *Il Paese mancato*, Donzelli, Rom 2003.

Crepax, N., *Storia dell'industria in Italia*, il Mulino, Bologna 2002.

Curry, A., *Foods Born of Heartache*, in »U.S. News & World Report«, 15. August 2005, S. 39.

D'Angelo, M., *Mercanti inglesi in Sicilia, 1806–1815*, A. Giuffrè, Mailand 1988.

De Bernardi, A., *Il mal della rosa. Denutrizione e pellagra nelle campagne italiane tra '800 e '900*, Franco Angeli, Mailand 1984.

De Luca, F., *Le nozze di Maria de' Medici con Enrico IV*, Polistampa, Firenze 2006.

Douglas, M., *Food and Social Order. Studies on Food and Festivities in Three American Communities*, Russell Sage Foundation, New York 1984.

Falcó, C., *Il grande libro dell'olio d'oliva. Una storia millenaria*, Mondadori, Mailand 2014.

Farinetti, O., *7 mosse per l'Italia*, Giunti, Firenze 2011.

Fatiguso, R., Gálvez, J., *L'olio giusto*, Giunti, Firenze 2015.

Febvre, L., *L'Europa. Storia di una civiltà*, Feltrinelli, Mailand 1990.

Ficacci, L. (Hg.), *Carrara. Michelangelo e il marmo*, Federico Motta, Mailand 2008.

Flandrin, J. L., *Il gusto e la necessità*, il Saggiatore, Mailand 1994.

Franchi, M., *Il cibo flessibile. Nuovi comportamenti di consumo*, Carocci, Rom 2009.

Franchi, M., Schianchi, A., *Scegliere nel tempo di Facebook*, Carocci, Rom 2011.

Francis, A. D., *The Wine Trade*, Adam & Charles Black, London 1972.

Frediani, C., *Ragionamento storico su le diverse gite che fece a Carrara Michelangelo Buonarroti*, Deputazione di storia patria per le antiche provincie modenesi, Massa Carrara 1975.

Gabaccia, D. R., *We Are What We Eat: Ethnic Food and the Making of Americans*, Harvard University Press, Cambridge 1998.

Gatti De Marinis, C., *Il lardo di Colonnata*, Pacini Fazzi, Lucca 2002.

Giacalone-Monaco, T., *Il Marsala, caposaldo dell'economia siciliana e nazionale*, in *Atti dell'Accademia Italiana della vite e del vino*, Vallecchi, Firenze 1952.

Giagnacovo, M., *Formaggi in tavola*, Aracne, Rom 2007.

Giudici, P., Gullo, M., Solieri, L., *Traditional Balsamic Vinegar*, in Solieri, L., Giudici, P. (Hg.), *Vinegars of the World*, Springer-Verlag Italia, Mailand 2009, S. 157–177.

Gosetti, A., *Le ricette regionali italiane*, Solares, Mailand 1967.

Grandi, A., *Managing a Natural Resource. The Mantova Fish Market in Modern Times*, in »Food & History«, 2, 2008, S. 268–293.

–, *From Global to Local: Technological Development and Evolution of the Ice Market*, in »World History Bulletin«, XXIV, 2, 2008, S. 19–22.

–, *Per conservar lo pesce di Vostra Altezza Serenissima*, Universitas Studiorum, Mantua 2015.

Grandi, A., Magagnoli, S., *Contrefaçon ou démocratisation du luxe? Les avatars du Vinaigre balsamique de Modène*, in Sougy, N. (Hg.), *Luxes et internationalisation (XVIe–XIXe siècles)*, Éditions Alphil, Neuchâtel 2013, S. 231–247.

Grimal, P., *La civiltà dell'antica Roma*, Newton Compton, Rom 2004.

Guarnaschelli Gotti, M., *Grande enciclopedia illustrata della gastronomia*, Mondadori, Mailand 2007.

Guenzi, A., *Pane e fornai a Bologna in età moderna*, Marsilio, Venezia 1982.

–, *Building Brand Awareness With a Bowl of Cherries*, in »Journal of Historical Research in Marketing«, VII, 1, 2015, S. 113–132.

Hancock, D., *Commerce and Conversation in the Eighteenth-Century Atlantic: The Invention of Madeira Wine*, in »The Journal of Interdisciplinary History«, XXIX, 2, 1998, 197–219.

–, *Oceans of Wine: Madeira and the Emergence of American Trade and Taste*, Yale University Press, New Haven-London 2009.

Harris, M., *Buono da mangiare. Enigmi del gusto e consuetudini alimentari*, Einaudi, Turin 1990 (dt. *Wohlgeschmack und Widerwillen. Die Rätsel der Nahrungstabus*. Aus dem Amerikanischen von Ulrich Enderwitz, Klett-Cotta, Stuttgart 1985).

Hocquet, J.-C., *Il sale e il potere. Dall'anno mille alla rivoluzione francese*, ECIG, Genua 1990 (dt. *Weißes Gold. Das Salz und die Macht in Europa von 800 bis 1800*. Aus dem Französischen von Gerda Kurz, Klett-Cotta, Stuttgart 1993).

Huppert, G., *Storia sociale dell'Europa nella prima età moderna*, il Mulino, Bologna 1990.

INSOR, *Atlante dei prodotti tipici: i salumi*, Franco Angeli, Mailand 1989.

–, *Atlante dei prodotti tipici: i formaggi*, Franco Angeli, Mailand 1990.

Isnenghi, M., *Breve storia d'Italia ad uso dei perplessi (e non)*, Laterza, Rom-Bari 2012.

Jori, A., *La cultura alimentare e l'arte gastronomica dei romani*, Arcari, Mantua 2016.

Le Goff, J., *Il Medioevo*, Laterza, Rom-Bari 1996.

Lentini, R., *I Florio e la produzione del vino »Marsala«*, in »Nuovi quaderni del Meridione«, 57, 1977, 17–37.

Levi, C., *Cristo si è fermato a Eboli*, Einaudi, Turin 1945 (dt. *Christus kam nur bis Eboli*. Aus dem Italienischen von Helly Hohenemser-Steglich, dtv, München 2003).

L'Italia dei Presìdi. Guida ai prodotti da salvare, Slow Food Editore, Bra 2004.

Livi Bacci, M., *In cammino. Breve storia delle migrazioni*, il Mulino, Bologna 2010 (dt. *Kurze Geschichte der Migration*. Aus dem Italienischen von Marianne Schneider, Wagenbach, Berlin 2015).

Lombroso, C., *Trattato profilattico e clinico della pellagra*, Fratelli Bocca, Turin 1892(dt. *Die Lehre von der Pellagra*. Aus dem Italienischen von Hans Kurella, Coblentz, Berlin 1898).

Lopane, I., Ritrovato, E. (Hg.), *Tra vecchi e nuovi equilibri. Domanda e offerta di servizi in Italia in età moderna e contemporanea*, Cacucci, Bari 2007.

Lucas-Dubreton, J., *La vita quotidiana a Firenze ai tempi dei Medici*, Rizzoli, Mailand 1985 (dt. *So lebten die Florentiner zur Zeit der Medici.* Aus dem Französischen von Fritz Jaffé, Deutsche Verlags-Anstalt, Stuttgart 1961).

Magagnoli, S., Veratti, S., *Il mito della memoria*, Edizioni Artestampa, Modena 2017.

Marchesi, G., *La cucina regionale italiana*, Mondadori, Mailand 1989.

Metz, V., *La cucina del Belli*, SugarCo, Mailand 1984.

Mintz, S. W., *Storia dello zucchero tra politica e cultura*, Einaudi, Turin 1990 (dt. *Die süße Macht. Kulturgeschichte des Zuckers.* Aus dem Englischen von Hanne Herkommer, Campus, Frankfurt/New York 1987).

Mocarelli, L. (Hg.), *Quando manca il pane*, il Mulino, Bologna 2013.

Montanari, M., *Gusti del Medioevo. I prodotti, la cucina, la tavola*, Laterza, Rom-Bari 2014.

–, *I racconti della tavola*, Laterza, Rom-Bari 2014.

Montanari, M., Sabban, F., *Atlante dell'alimentazione e della gastronomia*, UTET, Turin 2004.

Mumford, L., *La città nella storia*, Etas Kompass, Mailand 1967 (dt. *Die Stadt. Geschichte und Ausblick.* Aus dem Amerikanischen von Helmut Lindemann, Kiepenheuer & Witsch, Köln/Berlin 1963).

Nada Patrone, A. M., *Il cibo del ricco et il cibo del povero*, Centro Studi Piemontesi, Turin 1981.

Naso, I., *Formaggi del Medioevo. La »Summa lacticiniorum« di Pantaleone da Confienza*, Il Segnalibro, Turin 1990.

Neu, I. D., *An English Businessman in Sicily, 1806–1861*, in »Business History Review«, XXXI, 4, 1957, S. 355–374.

Parziale, L., *Nutrire la città*, Franco Angeli, Mailand 2009.

Pasolini, P. P., *Il vuoto del potere*, in »Corriere della Sera«, 1. Februar 1975.

Pellegrini, M., *Le guerre d'Italia 1494–1530*, il Mulino, Bologna 2009.

Perri, F., *Emigranti*, Mondadori, Mailand 1928.

Petrini, C., *Slow Food. Le ragioni del gusto*, Laterza, Rom-Bari 2001 (dt. *Slow Food. Genießen mit Verstand.* Aus dem Italienischen von Erika Frey Timillero, Rotpunkt, Zürich 2003).

Pollarini, A. (Hg.), *La cucina bricconcella 1891–1991*, Grafis Edizioni, Casalecchio di Reno 1991.

Postan, M. M., Mathias, P. (Hg.), *Commercio e industria nel Medioevo*, Einaudi, Turin 1982.

Pretelli, M., *L'emigrazione italiana negli Stati Uniti*, il Mulino, Bologna 2011.

Rizzo, F., *La fabbricazione del vino Marsala e dei suoi vari tipi*, Pezzino, Palermo 1948.

Rosoli, G. (Hg.), *Un secolo di emigrazione italiana: 1876–1976*, Centro studi emigrazione, Rom 1978.

Sada, L., Valente, V. (Hg.), *Liber de coquina. Libro della cucina del XIII secolo*, Puglia Grafica Sud, Bari 1995.

Salvi, S., *Piante e clima: il »ritorno al futuro« di Nazareno Strampelli*, stradeonline, 16. Mai 2017, https://www.stradeonline.it/stradedelcibo/2832-piante-e-clima-il-ritorno-al-futuro-di-nazareno-strampelli#

Sapio Bartelletti, N., *La cucina siciliana nobile e popolare*, Franco Angeli, Mailand 1980.

Scappi, B., *Opera*, Forni Editore, Sala Bolognese 1981.

Scarpellini, E., *A tavola! Gli italiani in 7 pranzi*, Laterza, Rom-Bari 2012.

Schlögel, K., *Leggere il tempo nello spazio*, Bruno Mondadori, Mailand 2009 (dt.: *Im Raume lesen wir die Zeit. Über Zivilisationsgeschichte und Geopolitik*, Hanser, München 2003).

Secchiari, P., *Un alimento della tradizione carrarese: il lardo di Colonnata*, Bandecchi & Vivaldi, Pontedera 2013.

Segrè, A., *Politiche per lo sviluppo agricolo e la sicurezza alimentare*, Carocci, Rom 2008.

Stefani, B., *L'arte di ben cucinare*, Forni Editore, Sala Bolognese 1983.

Teti, V., *La cucina calabrese è un'invenzione americana?*, in »I viaggi di Erodoto«, 14, 1991, S. 58–73.

Trubek, A. B., *The Taste of Place. a Cultural Journey into Terroir*, University of California Press, Berkeley-Los Angeles 2008.

Utterback, J. M., *Padroneggiare le dinamiche dell'innovazione industriale*, Franco Angeli, Mailand 2003.

Weightman, G., *The Frozen Water Trade*, HarperCollins, London 2003.

Danksagung

Ich schulde vielen Leuten Dank. Allen voran meiner Familie, die mein Schweigen und meine Selbstgespräche, meine Abwesenheit und meine sehr lästige Präsenz ertragen musste. Besonders danke ich meiner Tochter Sofia, der das Buch gewidmet ist. Sie hat jedes Kapitel gelesen und kommentiert. Ihr verdanke ich auch ein paar Eingebungen, auf die ich nie gekommen wäre.

Dank auch an Daniele Soffiati, der schon an dieses Buch glaubte, als es nur eine ganz vage Idee war und ich noch gar nicht angefangen hatte, es zu schreiben.

Ich danke meiner persönlichen Lesegruppe: Massimiliano Fontana, Claudio Palmierini und Davide Prandini, die mit viel Geduld das Manuskript in allen seinen Stadien durchsahen und kontinuierlich gute Einfälle als auch Kritik lieferten. Ohne sie wäre das Buch sicherlich schlechter.

Für lange und detailversessene Diskussionen über das Theater von Carlo Goldoni danke ich Sergio Farina, dem ich, wie er feststellen kann, letztlich recht geben musste.

Dank an Simone Metta für seinen wesentlichen Beitrag zur Verbesserung des Textes.

Eine ganze Reihe von Kollegen haben mich bei methodologischen, wissenschaftlichen, stilistischen und durchaus auch inhaltlichen Fragen beraten: Marco Belfanti, Giovanni Ceccarelli, Paolo Fabbri, Alberto Guenzi, Stefano Magagnoli, Massimo Montanari und Ivan Paris.

Und schließlich möchte ich den Studierenden danken, die in den letzten Jahren meine Seminare besuchten. Sie diskutierten meine ernährungsgeschichtlichen Thesen mit mir, halfen mir, Material und Überlegungen zusammenzutragen, und steuerten originelle Überlegungen bei.